Dick und Ineke van der Snoek

RUNDUM GESUND MIT SCHÜSSLER-SALZEN

Gesichtsdiagnostik – schnelle und einfache Anwendung

Dick und Ineke van der Snoek

RUNDUM GESUND MIT SCHÜSSLER SALZEN

GESICHTSDIAGNOSTIK

– schnelle und einfache Anwendung –

Aquamarin Verlag

1. Auflage 2007

Voglherd 1 • D-85567 Grafing
www.aquamarin-verlag.de

Originaltitel: Gezichtsdiagnose

Übersetzung aus dem Holländischen: Andrea Fischer

Umschlaggestaltung: Annette Wagner

ISBN 978-3-89427-368-2
gedruckt in Leipzig

INHALT

VORWORT

1999 gaben wir die erste „Arbeitsmappe für Therapeuten“ heraus, und 2002 kam das Bändchen „Dr. Schüsslers Zellsalztherapie“ auf den Markt. Jetzt, sechs Jahre später, scheint unser Wunsch, die Schüsslertherapie bekannter zu machen, zumindest in vielerlei Hinsicht in Erfüllung gegangen zu sein.

Artikel in Fachzeitschriften, Ausbildungskurse, die Mund-zu-Mund-Propaganda, die Empfehlung an einzelne Ratsuchende, all diejenigen, die sich durch uns von der Begeisterung für die Wirkungen dieser sicheren naturheilkundlichen Methode anstecken ließen, um gesund zu bleiben oder zu werden – dies alles hat mit dazu beigetragen, den Bekanntheitsgrad der Schüssler-Therapie zu erhöhen.

Dies hat es uns ermöglicht, unser Wissen zu erweitern. Vor allem im letzten Jahr hat dies dazu geführt, dass wir uns noch mehr in die *Gesichtsdiagnose* vertieft haben.

Es ist schwierig, anhand von Beschwerden zu bestimmen, welche Zellsalze einzusetzen sind, weil ähnlich gelagerte Beschwerden andere Ursachen für Mangelerscheinungen haben können.

Zu Lebzeiten Schüsslers scheinen Gesichtsmerkmale bereits die Wahl der richtigen Zellsalze erleichtert zu haben. Durch die heutigen Möglichkeiten, insbesondere durch die Digitalfotografie, ist die Antlitzdiagnose eine wichtige Säule bei der Mittelwahl geworden.

Wir hoffen, Ihnen mit diesem „Gesichtsatlas“ einen Leitfaden zu bieten, damit Sie bestimmen können, welche Zellsalze für Sie wichtig sein können, um Ihre Gesundheit zu fördern.

Auch über Internet – www.celzouttherapie.nl – versuchen wir, Sie auf dem Laufenden zu halten und die aktuelle Entwicklung weiterhin zu verfolgen.

Dick und Ineke van der Snoek

DR. MED. WILHELM SCHÜSSLER

BEGRÜNDER DER ZELLSALZ-THERAPIE

1. THEORIE UND HINTERGRÜNDE ZUR ZELLSALZTHERAPIE NACH DR. SCHÜSSLER

Die Biochemie gemäß Dr. Schüssler

Der Begriff *Biochemie*, abgeleitet vom Griechischen *bios* (das Leben) und *Chemie*, die Wissenschaft von den Elementen, bedeutet demnach *Chemie des Lebens*, folglich die Lehre von den chemischen Prozessen im Organismus.

Weil die von ihm medizinisch verabreichten Mittel Mineralsalze sind, die im Körper natürlich vorkommen und die chemischen Prozesse in den Zellen anregen (Ausscheidung, Zellteilung, Stoffwechsel usw.), nannte der Arzt Dr. Schüssler seine Therapie „Biochemie" und die Mittel „Funktionsmittel".

Die Entwicklung der Schüssler-Therapie

Dr. med. Wilhelm Schüssler (1821-1898) war Allgemeinarzt. Er hatte in Berlin, Paris, Gießen und Prag Medizin studiert, sein Staatsexamen abgelegt und promoviert. Er ließ sich als Arzt, Chirurg und Geburtshelfer in Oldenburg nieder.

Während seines Studiums hatte er sich schon immer für die Homöopathie des deutschen Arztes Samuel Hahnemann (1755-1843) interessiert. In seiner Praxis wendete er diese auch an. Obgleich er jahrelang mit der Homöopathie gearbeitet und damit gute Resultate erzielt hatte, war er nicht wirklich zufrieden damit. Er hatte Schwierigkeiten mit der großen Vielfalt der Mittel. Damals waren es mehr als tausend, heute sind es mehr als zweitausend Mittel.

Bei seiner Suche nach einer Methode, mit der man mit weniger Mitteln auskommt, erinnerte er sich an das Werk von Professor Virchow über die menschlichen Zellen. Ungefähr um die gleiche Zeit kamen ihm die Untersuchungsberichte des niederländischen Physiologen Jacob Moleschott (1822-1893) in die Hände. Moleschott hatte entdeckt, dass Aufbau und Lebensfähigkeit der Organe durch anorganische Bestandteile (wie etwa die anorganischen Mineralsalze) bestimmt werden.

Dr. Schüsslers Grundgedanken seiner Zellsalztherapie

Angespornt durch das Werk von Moleschott, der entdeckte hatte, dass Phosphor für die Nervenzellen wichtig ist, und der den Spruch „ohne Phosphor kein Gedankenblitz“ prägte, kam Schüssler zu der Überzeugung, dass ein Mangel an anorganischen Mineralsalzen eine Störung der Lebensprozesse und damit gesundheitliche Beschwerden verursacht.

Heute wissen wir, dass diese Phosphat-Verbindung namens *Kalium phosphoricum* für die Bildung von Lezithin, bei Gehirnstörungen und sogar zur Bekämpfung eines erhöhten Cholesterin-Spiegels unerlässlich ist.

Dr. Schüssler stellte fest, dass durch den Mangel an Mineralsalzen der Zellstoffwechsel gehemmt wird. Führt man die fehlenden Mineralsalze (Zellsalze) zu, kommt der gestörte Zellstoffwechsel wieder in Gang.

Rudolf Virchow (1821-1902) erklärte in seinem wichtigsten Werk „Die Zellularpathologie“ („Cellulaire pathologie“), dass alle Krankheiten und gesundheitlichen Beschwerden letztendlich nur auf einer Störung in den Zellen beruhen.

Der Landwirtschaftsexperte und Erfinder des Kunstdüngers, J. von Liebig (1803-1873), entdeckte, dass Stickstoff, Phosphat und Kalium nötig sind, um in der Landwirtschaft eine reiche Ernte zu erzielen. Bis heute ist dieser Kunstdünger unter dem Namen *Nitrophoska* bekannt.

Die Ideen von Liebig brachten Dr. Schüssler auf folgenden Gedanken: „In Bezug auf die Landwirtschaft haben die anorganischen Salze bewiesen, wie nützlich ihr Einsatz ist. Meine Therapie ist analog zu der Therapie für die Landwirtschaft. Ebenso wie kranke Pflanzen wachsen und gedeihen können, wenn man sie mit dem für sie passenden Salz gießt, so heile ich das kranke menschliche Gewebe, indem ich Moleküle eines anorganischen Salzes verabreiche, das homogen ist zu dem, wodurch eben diese Funktionsstörung entstehen kann.“

Dr. Schüssler bestätigte die Forschungsergebnisse von Moleschott: „Gesund bleiben kann der Mensch nur, wenn er die nötigen Salze in der nötigen Menge und im richtigen Verhältnis zur Verfügung hat“, und stellte voran, dass „Kalk, Natrium, Kalium, Magnesium und Eisen in ihren Verbindungen mit Phosphorsäuren, Schwefelsäuren und Chlor" alle Krankheiten und gesundheitlichen Beschwerden, die überhaupt heilbar sind, auf diese Weise heilen.

Die zwölf Zellsalze (die anorganischen/nicht verbrennbaren Stoffe)

Schüssler entdeckte während seiner Arbeit als Biochemiker, dass, wenn er den Körper eines soeben Verstorbenen verbrannte und danach die Asche analysierte, diese Asche nur noch aus zwölf Bestandteilen bestand – nämlich den zwölf Zellsalzen: *Calcium fluoratum, Calcium phosphoricum, Ferrum phosphoricum, Kalium chloratum, Kalium phosphoricum, Kalium sulfuricum, Magnesium phosphoricum, Natrium chloratum, Natrium phosphoricum, Natrium sulfuricum, Silicea (Kieselsäure) und Calcium sulfuricum.*

Er entdeckte auch, dass, wenn einer der Verstorbenen vorher an einem gesundheitlichen Problem gelitten hatte, eines oder mehrere der Zellsalze in der Asche fehlten oder nur in Spuren vorhanden waren.

Die Zellsalztherapie ist daher auch darauf ausgerichtet, diesen Mangel an Zellsalzen aufzufüllen.

Dr. Schüssler wählte diese zwölf Mineralsalze zur Behandlung von Krankheiten und gesundheitlichen Problemen. Im gesunden Zustand sind diese Salze an jede einzelne Körperzelle gebunden.

Schüssler, der mit der Herstellungsweise homöopathischer Mittel vertraut war, begründete es folgendermaßen: „Wenn die Zelle die zentrale Lebenseinheit im Organismus und in einem Krankheitsprozess bestimmend ist und wenn Mineralsalze für die Lebensfähigkeit der Organe nötig sind, bleibt nichts anderes mehr übrig, als die Mineralsalze so zu verändern, dass sie die Membran kranker Zellen passieren können, um diese wieder zur Normalfunktion anzuregen."

Mineralstoffe, Mineralsalze und Ionen

Mineralsalze, auch „Mineralstoffe" genannt, entstehen durch die chemische Verbindung von Metallen und Nichtmetallen und sind aus elektrisch geladenen Atomen, den Ionen, aufgebaut (Schüssler sprach zu seiner Zeit von

„Salzmolekülen"). Die Ionen von Mineralsalzen sind für alle Körperfunktionen unentbehrlich.

Die Ergänzungsmittel

Kurz vor seinem Tod schrieb Schüssler, dass seine Behandlungsmethode nun vollendet und ausgereift sei. Die Methode konnte seiner Ansicht nach letztendlich auf elf der zwölf Salze beschränkt werden.

(Die Salze Nr. 2 – Calcium phosphoricum – und Nr. 10 – Natrium sulfuricum – ergeben zusammen eine vergleichbare Wirkung wie Nr. 12 – Calcium sulfuricum.)

Jahre nach seinem Tod entdeckte die medizinische Wissenschaft weitere Mineralstoffe, die für den menschlichen Körper von Bedeutung sind, unter anderem Mangan, Jod und Kupfer.

Dieter Schöpwinkel, 1876 geboren, machte sich einen Namen als Biochemiker und praktizierte in Mühlheim an der Ruhr. Für seine Verdienste in der biochemischen Heilkunde wurde er 1930 von der Universität Voltaire in Frankreich zum Ehrenprofessor ernannt. Er besaß darüber hinaus mehrere Doktorgrade im Ausland, war aber auch Vorsitzender des Nationalkollegs für Polar-Biochemie der Sri Venkatesh Universität von Poona in Indien. Nach jahrelangen Studien internationaler Forschungsergebnisse über Mineralstoffe und Spurenelemente im menschlichen Körper ergänzte Schöpwinkel die biochemischen Salze um neun weitere Mittel.

Einige Jahre später wurden, vermutlich durch Nachfolger Schöpwinkels, noch drei weitere Salze hinzugefügt.

Neben den oben genannten zwölf Zellsalzen, die an jede Körperzelle gebunden sind, wird heutzutage bei der Schüssler-Therapie auch mit den sogenannten „zwölf Ergänzungsmitteln" gearbeitet: Kalium arsenicosum, Kalium bromatum, Kalium jodatum, Lithium chloratum (muriaticum), Manganum sulfuricum, Calcium sulfuratum, Cuprum arsenicosum, Kalium aluminium sulfuricum, Zincum muriaticum, Calcium carbonicum, Natrium bicarbonicum und Arsenum jodatum. Diese Salze unterscheiden sich von den ersten zwölf Zellsalzen dadurch, dass sie nicht an jede Körperzelle, sondern an das entsprechende Organ gebunden sind.

Die Wirkung der Zellsalze

Alle Zellsalze wirken auf zellulärer Basis, genauer ausgedrückt: Zellsalze wirken durch Signalfunktion an der Zellmembran mit dreifachem Effekt:

1. Entpolarisierung der Zellmembranen
2. Verbesserung der Zellatmung
3. Biologische Stimulanz

Um eine Signalfunktion zu besitzen, müssen die Salze zerkleinert werden, so dass freie Ionen entstehen.

Die spannungsgeladenen Kanäle, die in der Zellmembran liegen und für den Ab- und Antransport der Ionen verantwortlich sind, werden zum Teil oder ganz blockiert beziehungsweise erschöpft, wenn zu wenig oder zu viel Materie oder auch Energie angebunden wird.

Vereinfachte Darstellung

Gesundheit steht und fällt mit einem guten Zellstoffwechsel. Eine Zelle muss Nahrungs- und Aufbaustoffe aus dem Blut aufnehmen und Verbrennungsstoffe und anderes an das Blut abgeben können. Eine Störung dieses Zellstoffwechsels ist die Ursache von nahezu allen gesundheitlichen Beschwerden oder Krankheiten. Dieser Austausch erfolgt über die Zellmembran. Sie müssen sich diese Zellmembran als eine elektrisch angetriebene Drehtüre vorstellen. Sie dreht sich ständig in einem ruhigen Tempo. Dreht sich die Drehtüre, durch Überlastung welcher Art auch immer, in ihren Angeln nicht mehr so geschmeidig; beginnt sie, schwerfällig zu laufen und bleibt sie am Ende gar stecken – blockiert der Zellstoffwechsel, und die Zelle kann ihre Funktion nicht mehr ausüben.

Es gibt folgende Formen der Überlastung:

Materieller Art: Unter anderem bedingt durch die Ernährung, Viren, ein Übermaß an bestimmten Stoffen und so weiter.

Energetischer Art: Unter anderem elektromagnetische Strahlung.

Geistiger Art: Das Gehirn funktioniert auf der Grundlage von Zellstoffwechsel-Prozessen: Stress, Spannung oder Ähnliches.

Es gibt nun drei Möglichkeiten, um die Drehtüre wieder in Gang zu bringen:

1. Indem viele Menschen gegen die Tür drücken und schieben (die orthomolekulare Methode).
2. Indem mehr Stromkraft beziehungsweise mehr Energie auf den Antriebsmotor ausgeübt wird (homöopathische Heilmittel).
3. Indem man die Angeln der Drehtüre schmiert, so dass die Drehtüre sich wieder geschmeidig drehen kann (Zellsalztherapie).

Methode 1 und 2 haben eine forcierende Wirkung mit dem Risiko eines irreparablen Schadens. Die dritte Methode wird dem System selbst gerecht und forciert nichts.

Dr. Schüsslers Zellsalztherapie als selbstständige Therapieform

Zu Schüsslers Lebzeiten war vor allem die Weiterentwicklung der Homöopathie von großer Bedeutung. Die Vielzahl der homöopathischen Mittel gab ihm den Anstoß, nach anderen Möglichkeiten, nach einer Vereinfachung der Entwicklungen in der Homöopathie, zu suchen.

Wie wir bereits erwähnten, war Dr. Schüssler eifrig darum bemüht, seine Therapieform insbesondere von der Homöopathie getrennt zu sehen. Er arbeitete zwar auch mit Verdünnungen, doch im Gegensatz zur Homöopathie ging es nicht um den Reiz durch einen ähnlichen Stoff (im energetischen Sinne) – „Gift mit Gift bekämpfen“ (*Simile-Regel*) – sondern um die Gabe, wenn ein Mangelzustand eingetreten ist. Die einzige Übereinstimmung war die Verdünnung, um einen körpereigenen Stoff, der die Zellmembran durchdringen kann, zu erhalten.

Zellsalztherapie ist nicht gleich Homöopathie

Schüssler übernahm die Verreibung aus der Homöopathie, jedoch nicht das Potenzieren (Verschütteln). Nur durch die reine Verreibung bleibt das Salz stofflich vorhanden, anders als beim Potenzieren, bei dem zugleich auch Energie potenziert wird. Schüssler verbat sich ausdrücklich, seine Arbeitsweise als homöopathische Methode einzustufen.

Das Prinzip, nach dem ein Mittel gewählt wird, ist dabei ausschlaggebend: Wählt man ein Mittel aufgrund des Prinzips der Übereinstimmung, so ist dies homöopathisch. Ein Mittel, dessen Einsatz sich nach der physiologischen Chemie richtet, ist ein biochemisches Mittel. Schüsslers Heilmethode gründet sich auf den physiologisch-chemischen Prozessen im menschlichen Organismus.

Ein homöopathisches Mittel reizt. Bei der Methode nach Schüssler wird der körpereigenen Struktur Feinstoffliches hinzugefügt.

In seiner ersten Schrift „Eine Abgekürzte Therapie" (1898) beschreibt Dr. Schüssler, dass er das Salz mit Laktose gemäß den dezimalen Vermahlungen vermahlt, die aus der Homöopathie bekannt sind, um so eine Verdünnung zu erhalten, die durch die Schleimhaut (Epithelwand) des Mundes, des Halses und der Speiseröhre aufgenommen werden kann, so dass die Salz-Ionen über die Kapillarwand ins Blut gelangen können.

Der Wesenskern des Vermahlens der Salze liegt folglich nicht im Potenzieren, sondern im Verdünnen, um das Passieren durch die Epithel (Mundschleimhaut) zu ermöglichen.

Die Zellsalztherapie ist keine orthomolekulare Heilkunde

Mit einfachen Worten ausgedrückt, befinden sich in unserer Nahrung – vorausgesetzt wir essen regelmäßig Gemüse und Obst – ausreichend Mineralien. Diese Mineralien werden in unserem Darmsystem in Salze umgewandelt.

Das Problem ist nicht, dass wir über unsere Nahrung nicht genügend Mineralien aufnehmen würden, sondern dass die Zellen die Mineralsalze nicht aus dem Blut aufnehmen können.

Ausgangspunkt der orthomolekularen Heilkunde ist es, einen Mangelzustand, der durch die heutige einseitige Anbauweise von Pflanzen und Früchten und die künstliche Verarbeitungsweise entstanden ist, zu beheben.

Die Zellsalztherapie geht nicht davon aus, dass ein Mangel seitens der Ernährung vorliegt, sondern dass gesundheitliche Beschwerden entstehen, weil man die für den Stoffwechsel unerlässlichen Mineralsalze nicht (in ausreichendem Maße) aufnehmen kann.

In Holland sind die Zellsalze mit der Aufschrift „nach Originalrezeptur" die einzigen Salze, die der ursprünglichen Zubereitungsweise Dr. Schüsslers, nämlich dem Hinzufügen von Salz-Ionen, die für den Stoffwechsel unerlässlich sind, entsprechen. Sie werden als biochemisches Nahrungsergänzungsmittel direkt über die Mundschleimhäute aufgenommen und stehen so über das Blut dem Zellstoffwechsel direkt zur Verfügung. (Siehe: „Die Wirkung der Zellsalze“)

Ein Mangel an Zellsalzen in den Zellen ist ganz individuell aufgrund der Veranlagung, der Lebens- und Umweltfaktoren und zeichnet sich deutlich als Mangelmerkmale im Gesicht ab.

Zusammensetzung einer Tablette gemäß der Originalrezeptur:

Tablette	Typ 6*	Typ 12*
Milchzucker	250 mg	250 mg
Magnesiumstearat und Weizenmehl	10 mg	10 mg
Mineralstoffe*	25 µg (Mikrogramm)**	25 pg (Pikogramm)***
Gesamtgewicht	260 mg	260 mg

* Die Mineralstoff-Ionen werden aus Brunnenwasser gewonnen
** 1 µg = 1 Mikrogramm = 0,001 mg
*** 1 pg = 1 Pikogramm = 0,000000001 mg

Calcium fluoratum, Ferrum phosphoricum, Silicea und *Calcium sulfuricum* werden in der zwölften Verreibung verabreicht, alle übrigen Schüssler-Zellsalze gibt es in der sechsten Verreibung. Dies ist vergleichbar mit den körpereigenen Stoffen.

Die Zellsalze sind so verdünnt (verrieben), dass sie winzig kleine Öffnungen in der Zellwand durchdringen können. Die Verdünnung macht es zugleich beinahe unmöglich, dass man zu viel von den Zellsalzen einnehmen kann.

Zum Vergleich

In einer Einliterflasche Mineralwasser befinden sich im Durchschnitt ungefähr 1.000 mg (=1 g) an aufgelösten Mineralien. Wollte jemand die gleiche Menge an Zellsalzen der sechsten Verreibung einnehmen, müsste er/sie eine

Tonne (1.000 kg) an Zellsalztabletten im Mund auflösen lassen. Dies verdeutlicht, welche Verdünnung durch das Verreiben erreicht wird. Hierauf begründet sich auch die Wirkung. Es kommt nicht auf die Menge an Mineralsalzen, sondern auf ihre Qualität an. Die Mineralsalz-Ionen können, weil sie im Milchzucker als isolierte Ionen verfügbar sind, direkt durch den Organismus aufgenommen und verwendet werden. Es sind keine umständlichen Abbau- und Aufbauprozesse mehr nötig.

Dr. Schüsslers Zellsalztherapie für die äußerliche Anwendung

Haut-Gels nach Dr. Schüssler

Die Wirkung von Dr. Schüsslers Zellsalzen auf der Haut ist besonders in Deutschland weithin bekannt. Die Haut-Gels setzen sich aus einer Grundlage von Aloe Vera Haut-Gel unter Zusatz eines oder mehrerer Zellsalze zusammen. Die Basis, das Aloe Vera Haut-Gel, hat eine regenerierende Wirkung auf die Haut. Es fördert das Wachstum der Hautzellen. Es besteht zu 98% aus Aloe Vera Saft, Vitamin E (aus Soja), Vitamin B5 und F. Es enthält keinen Alkohol und ist nicht parfümiert. Als Konservierungsmittel werden Ethyl- und Methylparabene benutzt. Das Basisgel wird von unseren freiwilligen 'Versuchskaninchen' bestens empfohlen. Das Gel hat die Eigenschaft, nahezu sofort in die Haut einzuziehen, ohne dass die behandelte Oberfläche fettig bleibt. Diese Eigenschaft macht das Aloe Vera Haut-Gel zu einem idealen Transportmittel für die Zellsalze. Die Zellsalz-Ionen werden auf diese Weise direkt in die Haut eingebracht und können sich von dort aus über die Kapillargefäße in das darunter liegende Gewebe verbreiten. Die Zellsalze wirken also nicht nur effektiv an der Hautoberfläche, sondern auch in den tiefer liegenden Gewebsschichten.

Anwendung

- Bei Menschen mit Schluckproblemen, beispielsweise Babys, kann man die Innenseite des Unterarms mit dem Gel einreiben. Dort liegen die Blutgefäße dicht unter der Haut, und die Ionen werden über diesen Weg ebenfalls schnell aufgenommen.

- Bei akuten Behandlungen (z. B. Verletzungen, Quetschungen, Nervenschmerzen, Verbrennungen usw.) kann man das Gel lokal mit der Handfläche auftragen und einziehen lassen oder einmassieren.
- Für die Hautpflege, beispielsweise bei Falten, Ekzemen, Hautausschlägen, Narben usw., kann das Haut-Gel sowohl als Basiscreme als auch als Maske (ca. zwanzig Minuten einziehen lassen und dann abspülen) verwendet werden.

Die Hauptwirkungen der verschiedenen Zellsalze nach Dr. Schüssler

„Salz ist Leben!" Das wusste der Arzt Dr. Wilhelm Schüssler bereits im 19. Jahrhundert. Er identifizierte zwölf Salze, die unsere Zellen benötigen, um gut funktionieren zu können, und entwickelte daraus ein umfassendes Therapieprogramm.

Zur Zeit gibt es Tabletten und Gels, die die Salze in körpereigenen Verdünnungen enthalten. Diese Tabletten, in der Verdünnung, wie Dr. Schüssler sie beschrieben hat, sind zwar verdünnt, jedoch nicht potenziert (geschüttelt), und beinhalten die Ergänzungssubstanz in Ionenform, wobei das funktionelle Salz noch vorhanden ist. Im Anschluss beschreiben wir die Hauptwirkungen der Zellsalze 1-12. Dabei handelt es sich um die Salze, die in jeder Körperzelle vorhanden sein müssen, um den Körper gesund funktionieren zu lassen.

1/12 Calcium fluoratum

❍ für das Bindegewebe, die Gelenke und die Haut

Das Zellsalz *Calcium fluoratum* ist für den Aufbau der Haut, der Nägel und der Knochen unentbehrlich. Außerdem härtet es den Zahnschmelz und schützt dadurch vor Karies. Es ist unentbehrlich, um alle Gewebeformen geschmeidig und stabil zugleich zu halten. Weil dieses Salz auch in der Haut vorkommt, wirkt seine Einnahme stärkend auf das Bindegewebe und macht dieses wieder straff. Falten verschwinden.

2/6 Calcium phosphoricum

❍ für Knochen und Sehnen

Calcium phosphoricum wirkt in der Schüssler-Therapie bei allen Heil- und

Wachstumsprozessen (beispielsweise beim Knochenaufbau) mit. Nach überstandener Krankheit fördert es den Genesungsprozess, denn dieses Salz verleiht den Organen und Nerven neue Kraft. Krämpfe und Unruhe sind Anzeichen für einen Mangel.

3/12 Ferrum phosphoricum

❍ *für das Immunsystem*

Dieses Salz, eine Eisenverbindung, hemmt Entzündungen im Körper und stärkt das Immunsystem. Vor allem bei schleppenden Infektionen, wie etwa bei anhaltender Erkältung und Grippe, entsteht rasch ein Mangel an diesem Zellsalz. Eine Zufuhr dieses Salzes bringt die Abwehr schnell wieder zu Kräften. Weil es außerdem die Durchblutung der Gewebe fördert, aktiviert es auch das Gehirn. Wir fühlen uns fitter.

4/6 Kalium chloratum/muriaticum

❍ *für die Schleimhäute*

Kalium chloratum unterstützt den Körper im Kampf gegen bestehende Infektionen und trägt dazu bei, dass Sie sich von der Krankheit wieder richtig erholen können. Probleme mit den Schleimhäuten (beispielsweise der Lungen, im Magen- und Darmbereich) deuten auf einen Mangel an diesem Zellsalz hin.

5/6 Kalium phosphoricum

❍ *für das Nervensystem und die Psyche*

Kalium phosphoricum ist der wichtigste Stoff für den Aufbau von Gewebe und beeinflusst die Weiterleitung von Impulsen im Nervensystem. Es verleiht dem Geist neue Energie – Lustlosigkeit und Depressionen verschwinden. Nach schwerer körperlicher Anspannung fördert es die Regeneration und macht die Muskeln wieder geschmeidig. Außerdem stärkt es das Gedächtnis und den Herzmuskel.

6/6 Kalium sulfuricum

❍ *zur Entgiftung*

Dieses Salz ist bei Entgiftungsprozessen im Körper von großer Bedeutung. So unterstützt es unter anderem die Leberfunktion. Der Sauerstofftransport in die Zellen wird durch *Kalium sulfuricum* ermöglicht. Es unterstützt die Wundheilung. Weil dieses Salz stark abführend wirkt, ist es wichtig bei der Behandlung von chronischen Leiden.

7/6 Magnesium phosphoricum

❍ *beugt Krämpfen und Schmerzen vor*

Magnesium phosphoricum wirkt beim Aufbau der Muskeln mit und sorgt dafür, dass diese gut funktionieren. Anzeichen für einen Mangel an diesem Zellsalz sind unter anderem Wadenkrämpfe, Bauchschmerzen und Bauchkrämpfe sowie Verspannungen der Nackenmuskulatur. Es wirkt beruhigend bei Einschlafproblemen. Auch Migräne deutet auf einen Mangel an *Magnesium phosphoricum* hin.

8/6 Natrium chloratum/muriaticum

❍ *Flüssigkeitshaushalt*

Natrium chloratum steuert den Flüssigkeitshaushalt der Zellen. Trockene, schuppige Haut mit kleinen Wunden und/oder schmerzhafte Schleimhäute (z. B. in der Nase), aber auch fettige Haut deuten auf einen Mangel an diesem Salz hin.

Unter anderem Ausschläge bei Fieber, plötzlicher Tränenfluss, Heuschnupfen und Migräne infolge von Flüssigkeitsansammlung im Gehirn deuten auf einen Mangel an *Natrium chloratum* hin.

9/6 Natrium phosphoricum

❍ *wirkt förderlich auf den Stoffwechsel*

Natrium phosphoricum regelt das Säure-Basen-Gleichgewicht im Körper und stimuliert den Stoffwechsel. Eine Übersäuerung des Körpers deutet auf einen Mangel an diesem Zellsalz hin. Beispiele für Mangelerscheinungen sind Akne, Verdauungsbeschwerden und Sodbrennen nach einer fetten Mahlzeit. Auch schmerzhafte Gicht- und Rheuma-Attacken sowie Muskelschmerzen deuten auf einen Mangel hin.

10/6 Natrium sulfuricum

❍ *Ausscheidung*

Dieses Salz wirkt auf den Darmtrakt, die Nieren und die Blase. Es trägt zur

Ausscheidung von Körperflüssigkeiten bei. Stoffwechselschlacken werden aus dem Körper ausgeschieden. Verschiedene Störungen im Verdauungssystem, wie Verstopfung, Ansammlung von Gasen, aber auch Durchfälle (morgens) deuten auf einen Mangel an *Natrium sulfuricum* hin.

11/12 Silicea

❍ *nährt Haut, Haar und Bindegewebe*

Silicea macht das Haar geschmeidig und sorgt für kräftige Nägel. Haarausfall, vorzeitiges Altern der Haut und mangelnde Spannkraft sind Anzeichen für einen Mangel an diesem Zellsalz. *Silicea* ist auch unentbehrlich, um die Knorpel (Gelenke) und die Sehnen gesund zu halten.

12/12 Calcium sulfuricum

❍ *transportiert Abfallprodukte ab, fördert das Knochenwachstum*

Calcium sulfuricum sorgt für die Ausscheidung von Abbauprodukten von Eiweißen und wird daher auch oft bei eitrigen Absonderungen (z. B. in Nase und Hals) eingesetzt. Wachstumsstörungen des Knochengerüsts (das Wachstum neuer Zellen und der Knorpelaufbau), Bindegewebsprobleme und chronische, eitrige Absonderungen/Ausscheidungen deuten ebenfalls auf einen Mangel an diesem Zellsalz hin.

Wie es zu einem Mangel des betreffenden Zellsalzes kommt

1/12 Calcium fluoratum

Um die Folgen jeglicher Form von Strahlung zu bekämpfen, braucht der Körper *Calcium fluoratum*. Bei Strahlenbelastung verbraucht man sehr viel von diesem Salz. So ist beispielsweise bekannt, dass der Ausschlag, der bei Tumorpatienten nach einer radioaktiven Behandlung auftritt, ein Anzeichen für einen Mangel an *Calcium fluoratum* ist. Auch eine übermäßige Keratin-Produktion der Oberhaut (Verhornung) deutet auf einen Mangel an *Calcium fluoratum* hin. Ein Bestrahlungsekzem ist eine Hautausscheidung, die durch das Verhärtungsprotein Keratin entsteht.

Weitere Strahlungsformen, bei welchen der Körper viel *Calcium fluora-*

tum verbraucht, sind: Radioaktive Teilstrahlung (Alpha- und Beta-Strahlen), elektromagnetische Strahlung (Gamma-, Röntgen-, Mikrowellen-, UV-Strahlung, Radio, Fernsehen, Bildschirme, Funktelefon und Mobiltelefon) sowie Wechselstrom. Auch die geopathischen Einflüsse, wie Erdstrahlen, dürfen nicht vergessen werden. Ein Mangel und dadurch ein Bedürfnis danach führt zur Aufnahme von Fluor-Verbindungen aus dem Trinkwasser, aus Kochsalz und Zahnpasta.

Auch können Schwimmen, Stress, Sorgen und intensive geistige Arbeit einen höheren Verbrauch an *Calcium fluoratum* verursachen.

2/6 Calcium phosphoricum

Der Körper verbraucht *Calcium phosphoricum* bei Übersäuerung durch den Verzehr von raffiniertem Zucker, Weißmehl, Kaffee, durch übermäßigen Eiweißkonsum, Mandeln und Säuren wie etwa Essig und unreifen Zitronensaft. Alkohol, Hormone (insbesondere Östrogen), Aromatherapie, Wärme, wie etwa ein heißes Bad, sowie eine geopathische Belastung erhöhen den Verbrauch und verursachen so einen Mangel.

Auch der Einfluss von radioaktiven Stoffen, wie Barium, Cäsium und Strontium, die Verwendung von Haarfärbemitteln, Blutverlust während der Schwangerschaft, Einflüsse von Zeitverschiebungen (Jetlag) und Anstrengung der Augen können zu einem Mangel an diesem Zellsalz führen.

3/12 Ferrum phosphoricum

Traumata führen sehr rasch zu einem Mangel an *Ferrum phosphoricum.* Zu den Traumata gehören alle Verwundungen, wie etwa Blutungen, Verrenkungen, Verstauchungen, Quetschungen und Verbrennungen. Ein hoher Sauerstoffverbrauch erzeugt ebenfalls einen erhöhten Bedarf an diesem Salz. Starke körperliche Anspannung, Alkohol- und Nikotin-Missbrauch, Eisenverbrauch durch Kaffee, Kakao und Schwarztee, Blutverlust (z. B. während der Menstruation) und der Einfluss von Radongasen (wird von Beton freigesetzt) führen zu einem erhöhten Bedarf an *Ferrum phosphoricum.*

4/6 Kalium chloratum/muriaticum

Kalium chloratum/muriaticum wird nach der Aufnahme von Nahrungsmittelzusätzen wie etwa Farb- und Aromastoffen (sogenannte „E-Nummern“),

Mandeln (bei übermäßigem Verzehr), bei Nierenschäden durch zu geringe Flüssigkeitsaufnahme, durch das Trinken kalter Flüssigkeiten, nach Belastung durch Genussmittel, Impfstoffe und Hormonpräparate (insbesondere Insulin) in großen Mengen verbraucht. Wird im ersten Stadium von Entzündungen nicht *Ferrum phosphoricum* eingesetzt, benötigt der Körper auch *Kalium muriaticum*. Außerdem ist der Bedarf bei radioaktiver Belastung ebenfalls höher. Der Bedarf an diesem Salz ist in Berglandschaften stärker als auf dem flachen Land. Auch nach einer Aromatherapie und durch den Einfluss von Ozon steigt der Bedarf.

5/6 Kalium phosphoricum

Nach der Einwirkung von Giftstoffen, beispielsweise dem Verzehr von verdorbenem Fleisch, übermäßigem Alkoholkonsum, Arsen-, Kokain- und Morphiumbelastung besteht primär ein Bedarf an diesem Salz. Auch bei Bildschirmbelastung entsteht ein Mangel an diesem Salz. Nr. 5 ist wichtig, wenn Körper, Geist und Seele durch geistige, körperliche und nervliche Überanspruchung geschwächt sind. Dazu gehören Überlastung, Aufregung, Angst, intensive geistige Anstrengung, zu wenig Schlaf, geopathische Strahlen und Suchtprobleme.

6/6 Kalium sulfuricum

Ein Mangel an *Kalium sulfuricum* entsteht ganz schnell, wenn Alkohol oder übermäßiger Verzehr von Karotten die Leber belasten. Ebenso wenn die Entgiftung (beispielsweise durch Sonnenlicht) gestört ist. Ein Mangel an *Kalium sulfuricum* entsteht auch sehr rasch bei jeder Hautschädigung nach Sonneneinstrahlung, bei Ozon-Einwirkung und Belastung durch radioaktives Caesium sowie nach einem kräftezehrenden Streit.

7/6 Magnesium phosphoricum

Das Schmerz- und Krampfmittel der Biochemie – die Nr. 7. Ein Mangel an diesem Zellsalz entsteht sehr schnell, wenn Alkohol am Körper zehrt. Auch Kakaoprodukte, Orangen, Stress, Computerstrahlen und geopathische Belastungen (u. a. Erdstrahlen) erhöhen den Verbrauch. Dies ist deutlich am Gesicht erkennbar (die sogenannte „Magnesia-Röte“).

8/6 Natrium chloratum/muriaticum

Natrium muriaticum/chloratum benötigt der Organismus dringend nach übermäßigem Verzehr von Fleisch, nach dem Konsum von Alkohol, Kochsalz, Medikamenten, Nikotin, bei Belastung durch Schwermetalle, Kohlenmonoxyd, Bildschirmstrahlung, Aromatherapie und Ozonbelastung. Auch bei Insektenstichen und Schlangenbissen hat der Körper dringend das Bedürfnis nach diesem Zellsalz.

9/6 Natrium phosphoricum

Natrium phosphoricum ist für den Stoffwechsel sehr wichtig, vor allem bei übermäßigem Verzehr von Zucker, sauren Milchprodukten, Säften, Fleischersatzprodukten aus Soja, Alkoholika und Schweinefleisch. *Natrium phosphoricum* beeinflusst den Stoffwechsel und sorgt für den Auf- und Umbau von Nährstoffen zu solchen Stoffen, die der Körper aufnehmen und verwenden kann.

10/6 Natrium sulfuricum

Bei langanhaltendem Mangel entsteht die rote 'Säufernase'. Alkoholkonsum über lange Zeit verursacht einen Mangel oder führt zum gänzlichen Fehlen dieses Salzes. Aber auch bei schweren Infektionskrankheiten ist es wichtig, die Regenerationsfähigkeit und den Stoffwechsel mit *Natrium sulfuricum* wieder zu optimieren.

11/12 Silicea

Einflüsse durch Strahlen, insbesondere Bildschirmstrahlen. *Silicea* wird bei Überlastung des Nervensystems, zu wenig Entspannung und Beanspruchung durch Kopfrechnen verbraucht. Dabei entsteht ein Mangel und das Bedürfnis, diesen aufzufüllen. Ein Mangel an Nr. 11, *Silicea*, und Zellsalz Nr. 1, *Calcium fluoratum*, führt zu Alterserscheinungen.

12/12 Calcium sulfuricum

Durch einen Mangel an *Calcium sulfuricum* in der Leber wird der Abbau von untauglichen Zellen verzögert. Dadurch entsteht im Blut und in der Lymphe bald ein Überschuss an überflüssigen Zellen. Bei allen Beschwerden, bei welchen der Ausscheidungsprozess zu lange dauert, wird ein Übermaß an *Calcium sulfuricum* verbraucht. Die Abfallstoffe wirken auf das Bindegewebe ein. Dies führt zu Vereiterungen, insbesondere des Epithelgewebes (Haut und Schleimhäute). Jede Vereiterung (von chronischem Schnupfen und Nebenhöhlenentzündung bis hin zu Fisteln und Furunkeln), die einen Weg nach außen sucht, ist ein Anzeichen für einen Mangel an Nr. 12. Auch für den Aufbau der Innenauskleidung der Hohlorgane ist dieses Salz wichtig. Der Bedarf an *Calcium sulfuricum* steigt, wenn das Wetter umschlägt und man sich im oder am Wasser aufhält.

Die Stadien der Reaktion auf Überlastung

Es gibt drei Stadien der Reaktion auf Überlastung:

1. Überlastung führt zu einer erhöhten Ausscheidungs- und Bindungsaktivität, um die Überlastung bewältigen zu können. *Die Zellmembranen beginnen, mehr Zellsalze aufzunehmen und Abfallstoffe und Säuren abzugeben (die 'Drehtüre' muss sich schneller drehen).*
2. Bei anhaltender leichter Überlastung hat es den Anschein, als ob der Mensch sich anpassen würde und dafür unempfindlich wird. Die scheinbare Anpassung geht natürlich immer mit Nebenerscheinungen einher. Der allgemeine Gesundheitszustand verschlechtert sich durch die abnehmende Vitalität und Übersäuerung allmählich. Die Folgen davon sind regelmäßige oder chronisch auftretende Müdigkeit, Herz- und Gefäßbeschwerden, leichte Reizbarkeit, Hyperaktivität im Wechsel mit Lustlosigkeit, Energiemangel, Unruhe, Nervosität, Schwindelgefühl, Kopfschmerz in Kombination mit Darm- und Leberproblemen, Ekzemen und anderen allergischen Reaktionen (aufgrund einer Schwächung der Widerstandskräfte), Verschlechterung der Augen, gestörte Abwehr, Schlafprobleme, Gereiztheit, instabile Regulierung des Zuckerhaushaltes, hartnäckige (wiederkehrende) Virus-Infektionen, Parasiten, allgemeines Unwohlsein, Migräne und anderes. Indem zugleich die Vitalität (das Regenerationsvermögen) sinkt und dadurch Einflüsse sowie Abfall- und Reststoffe, die die Nerven reizen, nicht ausreichend ausgeleitet werden können, wird man empfänglich für Virus-Aktivitäten.

   Der Körper ist nicht mehr imstande, alle Fäulnisstoffe zur Genüge auszuscheiden.

Die Zellmembranen werden durch die anhaltende höhere Aktivität überlastet (die 'Drehtüre' dreht sich schwerfälliger).

3. Im dritten Stadium wird die Anpassung aufgegeben. Das Regenerationsvermögen ist erschöpft. Die Folge ist dann ein Zusammenbruch und Erschöpfung. Dies kann die Form eines Herzinfarktes, eines Nervenzusammenbruchs, eines Burn-out-Syndroms, MS, unheilbarer Virus- und Parasiten-Infektionen oder noch ernsterer Beschwerden, wie etwa Krebs, annehmen. Die Einstellung der Anpassung kann nach einer scheinbar geringen körperlichen oder geistigen Überlastung auftreten.
   Den Zellmembranen lebensnotwendiger Organe gelingt es nicht mehr, Salze aufzunehmen und Abfallstoffe abzugeben (die 'Drehtüre' ist steckengeblieben).

Die allgemeine Folge von Überlastung ist, dass der Körper immer weniger Salze (mineralische Verbindungen) aufnehmen und Abfallstoffe abgeben kann. Dies ist jedoch für ein gutes Funktionieren und Instandhalten des eigenen Regenerationsvermögens unerlässlich. Die Schüssler-Zellsalze stellen das Aufnahme- und Abgabevermögen in allen oben genannten Stadien wieder her.
Durch die Zuführung dieser Salze sorgen Sie dafür, dass das biochemische Gleichgewicht wiederhergestellt wird.

Ursachen von Störungen in der Biochemie

Heutzutage ist der Mensch einer unglaublichen Menge an Giften ausgesetzt, von welchen noch niemand präzise sagen kann, wie sie aufeinander einwirken und einander beeinflussen. Jeder Mensch ist in unserer heutigen Zeit bereits mit Dioxin vergiftet. Weitere Belastungen stammen von krebserregendem Benzol aus bleifreiem Benzin, Cadmium aus Gemüse und Vollkornprodukten, die mit Kunstdünger angebaut wurden. Darüber hinaus wird jeder Mensch mit elektromagnetischen Belastungen konfrontiert – mit dem bekannten Elektrosmog. Diese bis heute noch stark unterschätzte Form der Überlastung, die ihren Ursprung in den unsichtbaren Veränderungen in der Atmosphäre und in der Umwelt hat, wird sich vermutlich zur größten Erscheinungsform einer Belastung in unserer Zeit auswachsen.

Die Störwirkung von Elektrosmog auf Mensch und Tier wird zurzeit noch verstärkt durch:

1. **Veränderungen** in den Strahlungsmustern des Kosmos (u. a. erhöhte Sonnenaktivität).
2. **Menschliches Handeln**, wie etwa Radioaktivität, Umweltstrahlen, Strahlung durch Chemikalien, Mikrowellen, Radar, Radio- und Fernsehwellen, Satelliteneinflüsse, schnurlose Telefone, elektromagnetische Felder, Jod- und Radongase, Dioxide usw. Dies zieht stets eine Störung des biochemischen Gleichgewichts nach sich.
   Dem Organismus werden darüber hinaus regelmäßig über die Nahrung viele gesetzlich zugelassene Duft-, Farb-, Geschmacks- und Konservierungsstoffe zugeführt, die die Nahrung *geschmackvoller, verlockender und haltbarer* machen sollen und die der Körper verarbeiten muss.
   Auf diese spezifischen Be-/Überlastungen hat der menschliche Organismus (noch) keine hinreichende Antwort. Im Laufe seiner langen Entwicklungsgeschichte konnte der Mensch diese Antwort auch gar nicht aufbauen, denn noch niemals fand er sich belastenden Umständen eines vergleichbaren Ausmaßes ausgesetzt. Der Organismus sieht sich vor die Aufgabe gestellt, ein Übermaß an Giftstoffen, dem er nicht gewachsen ist, zu bewältigen.
   Ausschlaggebend für unsere Erforschung des großen Wertes der Zellsalztherapie nach Dr. Schüssler ist daher auch die Tatsache, dass diese Therapie imstande ist, die ursprüngliche Entgiftungskraft des Körpers zu optimieren.

Schüsslersalze entgiften und bauen die Zellen wieder auf

In der in unserer heutigen Zeit für die Körperabwehr völlig neu entstandenen Situation sind die Schüsslersalze von unschätzbarem Wert. Es handelt sich dabei nicht nur um eine wirksame Nahrungsergänzung gegen diese oder jene beschriebene Krankheit – die große Kraft der Schüsslersalze liegt in ihrer zellentgiftenden und zellaufbauenden Wirkung.
Die Schüsslersalze sind durch ihre zellentgiftenden und zellaufbauenden Eigenschaften wie kein anderes Mittel in der Lage, einen mit vielerlei schäd-

lichen Stoffen überlasteten Organismus zu reinigen und diesem wieder die Möglichkeit zu geben, gesund zu funktionieren.

Es versteht sich von selbst, dass eine Heilung über die Zellsalztherapie nur dann möglich ist, wenn der Krankheitsprozess noch umkehrbar ist. Eine Schrumpfniere kann sich auch mit biochemischen Salzen nicht mehr in ein normales, optimal arbeitendes Organ verwandeln. Schüssler selbst hat immer wieder ausdrücklich darauf hingewiesen. Doch bei reversiblen Krankheiten – und das sind glücklicherweise die meisten – liegt die Heilungsrate unglaublich hoch, nämlich bei 90%. In vielen Fällen wird sogar bei fast 100% der Behandlungen Heilung bewirkt.

Zellsalze – die Elektrolyte unseres Organismus

Schüssler selbst sprach über die Bedeutung von Molekülbewegungen. Nun wissen wir, dass seine Mineralstoffe aus positiv und negativ geladenen Ionen bestehen.

Man führt die biochemische Wirksamkeit der Mineralsalze auch auf ihre elektrische Ladung zurück. Das elektrische Gleichgewicht in den Körperflüssigkeiten wird hergestellt, indem die positiven und negativen Ionen miteinander ins Gleichgewicht kommen.

In der modernen Heilkunde erhalten die Erkenntnisse über die sogenannten „Spuren- und Bio-Elemente“ einen immer höheren Stellenwert. Unter „Spuren- und Bioelementen“ versteht man chemische Grundbausteine, die im Organismus von Pflanzen, Tieren und Menschen nur in geringen Mengen vorkommen. Viele dieser Spurenelemente gelangen nur über die Nahrung in unseren Körper und werden dann wieder ausgeschieden. Fehlen diese jedoch, so wirkt sich das auf alle Lebensprozesse sehr nachteilig aus.

Durch die Gabe von Zellsalzen wird das Aufnahmevermögen verbessert. Zellsalze regulieren den Stoffwechsel. Dadurch verschwinden gesundheitliche Beschwerden ganz oder teilweise. Es ist daher ratsam, die Zellsalze in Absprache mit dem behandelnden Arzt einzusetzen, weil dies den Bedarf an Medikamenten verringert beziehungsweise diese unnötig macht.

DIE MITTEL:

- Es gibt vierundzwanzig verschiedene Zellsalze – alle mit unterschiedlicher Wirkung. Bestimmen Sie daher immer das spezifische Zellsalz (Nummer), das nötig ist.
- Die ersten zwölf Zellsalze (mit Gesichtsmerkmalen) müssen in jeder Körperzelle vorhanden sein. Die „Ergänzungsmittel" (Nr. 13-24) sind organgebundene Mittel.
- Die Bestimmung der einzusetzenden Zellsalze anhand der Symptome ist nahezu nicht möglich, weil viele gesundheitliche Beschwerden Ausfluss von Mangelzuständen an verschiedenen Zellsalzen sein können (Kopfschmerzen, Müdigkeit und Muskelbeschwerden kommen beispielsweise bei verschiedenen Zellsalzen vor).
- Beim Kauf von Zellsalzen beziehungsweise bei der Beratung ist es wichtig, dass man nach Zellsalzen gemäß der Originalrezeptur fragt, das heißt verrieben, jedoch nicht potenziert. In dieser Form haben die Salze keine Nebenwirkungen.
- Die Zellsalze können sowohl in Tablettenform als auch als Hautgel (für die äußerliche Anwendung) angewandt werden. Je nach Art der Beschwerden kann man eine von beiden oder auch beide Anwendungsformen wählen.

EINNAHME:

- Die Tabletten sind auf der Basis von Milchzucker hergestellt.
- Erwachsene und Kinder können die Tabletten im Mund zergehen lassen. Dadurch gelangen die Ionen der Salze über die Mundschleimhäute in die Blutbahn und kommen nicht mit den Magensäften in Berührung.
- Für Säuglinge kann man einen Brei machen, der dann abgeleckt werden kann, beispielsweise von den Lippen oder von einem Löffelchen. Eine andere Möglichkeit besteht darin, das Hautgel auf die Innenseite der Unterarme zu reiben.
- Sie können mehrere Tabletten gleichzeitig einnehmen, weil die Salze auch in der Blutbahn unabhängig voneinander vorkommen.
- Bei Milchzuckerallergien oder -unverträglichkeit kann man die Tabletten in Wasser zerfallen lassen (ca. zehn Minuten stehen lassen). Danach spült man das Wasser schluckweise kräftig durch den Mund (die Ionen

haben sich im Wasser gelöst und werden über die Mundschleimhäute in die Blutbahn aufgenommen – der Milchzucker bleibt im Glas zurück).

DOSIERUNG:

Für Erwachsene und Kinder ist die Dosierung von zweimal täglich eine Tablette von maximal vier verschiedenen Zellsalzen empfehlenswert.

Für Säuglinge und Kinder bis zum zweiten Lebensjahr empfiehlt sich einmal täglich eine Tablette von maximal zwei verschiedenen Zellsalzen.

Für die äußerliche Anwendung, beispielsweise bei Verstauchungen, Insektenstichen, Warzen, aber auch offenen Wunden, können Sie einen warmen Umschlag mit einem Brei des benötigten Zellsalzes machen. Darüber hinaus gibt es für die äußerliche Anwendung noch die Hautgels.

Wenn die Symptome verschwunden sind, kann man die Einnahme beenden. Bei akuten Problemen wird dies nach 1-12 Stunden der Fall sein. Bei chronischen Beschwerden wird es länger dauern. Eine erste Besserung kann bereits nach einigen Tagen eintreten. Doch für eine völlige Heilung kann es notwendig sein, die Tabletten über Monate hinweg einzunehmen.

Die Schüsslersalze lassen sich auch *präventiv* einsetzen. Dann ist eine Einnahme einmal täglich ausreichend.

DIE HEISSE 7

Vielen, die mit der Schüssler-Therapie arbeiten, ist dies ein Begriff. Der Nr. 7 – Magnesium phosphoricum – gebührt eine Sonderstellung. Die entkrampfende und schmerzstillende Wirkung dieses Zellsalzes setzt schneller ein, wenn man zehn Tabletten – bei Kindern fünf Tabletten – in Wasser auflöst und diese Lösung langsam und schluckweise trinkt.

Dies kann stündlich wiederholt werden, bis die Beschwerden abgeklungen sind.

Nebenwirkungen

Bei der Behandlung mit Schüsslersalzen nach Originalrezeptur sind bisher keinerlei Nebenwirkungen bekannt – es handelt sich hierbei ja um die Zuführung von körpereigenen Stoffen.

Doch es ist natürlich möglich, dass man mit Unverträglichkeit oder Allergien auf den Milchzucker reagiert (vor allem, wenn man vorher keinerlei Kuhmilchprodukte zu sich genommen hatte). Dieses Problem kann man lösen, indem man die Tabletten in Wasser zerfallen lässt, wie oben beschrieben.

WICHTIG!

Es ist möglich, dass, wenn man andere Heilmittel (beispielsweise gegen hohen Blutdruck oder andere gesundheitliche Beschwerden), orthomolekulare Mittel oder Vitaminpräparate einnimmt, die Zellsalze deren Wirkung verstärken, weil die Aufnahmefähigkeit durch diese verbessert wird.

Daher ist es ratsam, in solchen Fällen vor Beginn der Zellsalztherapie Rücksprache mit einem behandelnden Arzt zu halten. Auch eine zusätzliche Überprüfung, beispielsweise des Blutdrucks, kann erforderlich sein.

2. GESICHTSDIAGNOSE

Der Zusammenhang zwischen der Zellsalztherapie nach Dr. Schüssler und der Gesichtsdiagnose

Schüssler entdeckte sehr schnell, dass innerliche Stoffwechselstörungen sich äußerlich, durch eine Veränderung des Erscheinungsbildes der Gesichtshaut, manifestieren.

Bei einer Übersäuerung des Organismus durch übermäßigen Fleischverzehr oder Kaffeekonsum ist beispielsweise im Gesicht eine lokale Rötung in Schmetterlingsform über der Nasen- und Wangenpartie zu sehen, die sogenannte 'Sauermaske' (akute Situation) oder ein roter Punkt am Kinn (chronischer Zustand). Diese Übersäuerung lässt sich mit *Natrium phosphoricum* gut behandeln, so dass diese Röte wieder verschwindet.

Nicht umsonst betonte Schüssler immer wieder, dass seine Funktionsmittel (Zellsalztherapie) keinen Ersatz für die Mineralsalze darstellen sollen, die man über die Nahrung nicht in ausreichendem Maße aufgenommen hat, sondern ergänzend und regulierend wirken und deren Aufnahme fördern.

Schüssler bot den ersten Anstoß zu dieser Methodik, Mangelerscheinungen am Antlitz abzulesen. Dr. Kurt Hickethier (1891-1958), ein großer Verfechter von Dr. Schüsslers Zellsalztherapie, hat systematische Forschungen durchgeführt, u. a. auch nach anderen Gesichtsmerkmalen von Mangelzuständen. Seine Erkenntnisse darüber veröffentlichte er 1923. Seitdem hat diese Methode sich als haarscharfe (Selbst-) Diagnose erwiesen.

Der große Vorteil der Gesichtsdiagnostik besteht darin, dass man unabhängig von der (Un-) Genauigkeit oder der Anzahl der Beschwerden das richtige Zellsalz bzw. die richtigen Zellsalze wählen kann. Noch ein sehr wichtiger Vorteil: Bevor sich die ersten Beschwerden überhaupt einstellen, ist der Salzmangel bereits im Gesicht zu erkennen – in den meisten Fällen schon lange Zeit vorher. Dadurch kann man mit der Gesichtsdiagnose dem Entstehen von Beschwerden vorgreifen und die Gesundheit bewahren.

Viele Menschen neigen dazu, auffallende Merkmale von Mangelerscheinungen im Gesicht mit Crèmes oder anderen Mitteln oder durch Eingriffe zu übertünchen oder zu kaschieren.

Ein Mangel an einem Zellsalz kann durch die regelmäßige Einnahme des betreffenden Zellsalzes oft schnell behoben werden, ebenso wie die Beschwerden, die mit diesem Mangel einhergehen.

Wenn der Mangel gut ausgeglichen ist, wird auch das Merkmal im Gesicht verschwinden.

Jede Veränderung oder jeder Umstand (sowohl materieller, energetischer als auch geistiger Art), der den Stoffwechsel belastet, beeinflusst auch den biochemischen Salzhaushalt, weil der Stoffwechsel bei Belastung/Überlastung einen hohen Verbrauch an Zellsalzen hat.

Die Bildung von Salzen durch unser biochemisches System aus den einfachen Mineralien und Vitaminen, die wir über unsere Ernährung aufnehmen, wird von unserer DNS gesteuert und kontrolliert. Die Bildung von Salzen ist hier durch unsere Veranlagung beschränkt.

Die Stellen im Gesicht, wo die Merkmale für Mangelerscheinungen zu sehen sind, sind die Stellen, wo die Reserve – mit einfachen Worten: die 'Vorratszellsalze' – gespeichert sind.

Sind diese Speicherorte erschöpft und können diese durch die Biochemie nicht ausreichend aufgefüllt werden, so zeichnet sich dies als *Mangelmerkmal* ab.

Allgemeine Tipps, wie man die Gesichtsmerkmale korrekt feststellen kann:
Die Merkmale, die Ihnen wirklich auffallen (z. B. Ringe unter den Augen, fettige Haut, faltige Gesichtshaut, Blässe, graue Farbe etc.) sind echte Anzeichen eines Mangels an einem bestimmten Zellsalz.

Auf den folgenden Seiten finden Sie für jedes Zellsalz zum entsprechenden Mangel eine Reihe von Fotos sowie Beschreibungen der auffallendsten

- Gesichtsmerkmale
- Verfärbungen
- Allgemeinen körperlichen Merkmale.

Die Wirkung der Zellsalze, wie im Folgenden erläutert, basiert auf der Originalrezeptur von Dr. Schüssler. Mangelerscheinungen werden ausgeglichen, wobei der Körper nicht gereizt wird, wie es bei homöopathischen Heilmitteln das Ziel ist.

ABC DER GESICHTSDIAGNOSE		
ALLGEMEIN KÖRPERLICH		
Bedürfnis nach Schokolade und Zucker	Nr. 7	Magn. phos.
Schnell blaue Flecken	Nr. 11	Silicea
Brauner Streifen über dem Bauch	Nr. 6	Kalium sulf.
Konzentrationsschwäche	Nr. 3	Ferrum phos.
Geschwollene Hände/Füße	Nr. 10	Natrium sulf.
Empfindlichkeit der Hohlorgane	Nr. 12	Calcium sulf.
Frösteln	Nr. 2	Calcium phos.
Krampfgefühl	Nr. 7	Magn. phos.
und daraus resultierende Beschwerden	Nr. 7	Magn. phos.
Lichtempfindlichkeit	Nr. 11	Silicea
Mundgeruch	Nr. 5	Kalium phos.
Nase hohlklingend	Nr. 8	Natrium mur.
Glasurglanz des Schienbeins	Nr. 11	Silicea
Rasch Muskelschmerzen	Nr. 3	Ferrum phos.
Anhaltende Müdigkeit	Nr. 12	Calcium sulf.
Schnell müde	Nr. 3	Ferrum phos.
Schnell müde	Nr. 5	Kalium phos.

Stinkende Blähungen	Nr. 10	Natrium sulf.
Sonnenempfindlichkeit	Nr. 3	Ferrum phos.
Schnelles Schwitzen	Nr. 11	Silicea
Schweiß mit üblem Geruch	Nr. 11	Silicea
GESICHT		
Alabasterweiße Färbung	Nr. 12	Calcium sulf.
Entzündet bläulich-rot ab der Nasenspitze	Nr. 10	Natrium sulf.
Rot mit einem weißen Mittelstreifen (Schmetterling)	Nr. 9	Natrium phos.
HAAR		
Schuppen	Nr. 1	Calcium fl.
Schuppen	Nr. 8	Natrium mur.
Einsetzende Kahlköpfigkeit	Nr. 11	Silicea
Fettig	Nr. 9	Natrium phos.
HAARGEFÄSSE		
Sichtbar (Couperose)	Nr. 4	Kalium mur.
HALS		
Falten bzw. Furchen	Nr. 11	Silicea
HAUT		
Schwielenbildung	Nr. 1	Calcium fl.
Glasurglanz an der Nasenspitze, Wangen usw.	Nr. 11	Silicea
Große Poren	Nr. 8	Natrium mur.
Juckend	Nr. 10	Natrium sulf.
Färbung milchig-blau (kalt weiß)	Nr. 4	Kalium mur.
rotblau auf Milchweiß	Nr. 5	Kalium phos.
aschgrau	Nr. 7	Magn. phos.
Röte (Erröten, Anspannung usw.)		
Hautgrieß (Fettpünktchen)	Nr. 4	Kalium mur.
Fältchen	Nr. 11	Silicea
Pickelchen, Pusteln, Mitesser	Nr. 9	Natrium phos.
Fettige Haut	Nr. 9	Natrium phos.

Kiefer		
Hamsterbacken (Unterkiefer)	Nr. 9	Natrium phos.
Kinn		
Rot gefärbt	Nr. 9	Natrium phos.
Juckend	Nr. 21	Zincum mur.
Lippen		
Blau	Nr. 1	Calcium fl.
Querrillen in der Oberlippe	Nr. 9	Natrium phos.
Mund		
Gallefarbene Mund-Kinnpartie	Nr. 10	Natrium sulf.
Herabgezogene Mundwinkel mit Grübchenbildung	Nr. 6	Kalium sulf.
Fingernägel		
Biegsam oder hart	Nr. 1	Calcium fl.
Kalkflecken	Nr. 2	Calcium phos.
Nase		
Wachsartig weiß unter der Nasenspitze	Nr. 2	Calcium phos.
Gallefärbung um die Nasenwurzel	Nr. 10	Natrium phos.
Augen		
Matt	Nr. 5	Kalium phos.
Gelbfärbung der Skleren	Nr. 10	Natrium sulf.
Schwellung der Tränensäcke	Nr. 8	Natrium mur.
Augenwinkel		
Färbung innerer Augenwinkel blau-schwarz, blau	Nr. 3	Ferrum phos.
Gallefarben im äußeren Augenwinkel	Nr. 10	Natrium sulf.
Gelb-brauner äußerer Augenwinkel	Nr. 6	Kalium sulf.
Innerer Augenwinkel tieferliegend	Nr. 3	Ferrum phos.
Krähenfüße	Nr. 11	Silicea
Augenleiden		
Gereizte Lidränder	Nr. 8	Natrium mur.
Gelatineglanz am oberen Augenlid	Nr. 8	Natrium mur.

Hohlraum über dem Augenlid in der Augenhöhle	Nr. 11	Silicea
Hohläugigkeit	Nr. 3	Ferrum phos.
Färbung braun um das Auge	Nr. 8	Natrium mur.
braun-schwarz um das Auge	Nr. 1	Calcium fl.
milchfarben um das Auge	Nr. 4	Kalium mur.
aschgrau unter den Augen	Nr. 5	Kalium phos.
rot-blau auf milchig-bleichem Teint	Nr. 4	Kalium mur.
gelb-braun unter dem Auge	Nr. 6	Kalium sulf.
Falten rautenförmig oben und/oder unten	Nr. 1	Calcium fl.
fächerförmig	Nr. 1	Calcium fl.
überhängendes Augenlid	Nr. 1 Nr. 22	Calcium fl. und Calcium carb.
Ohr		
Gallefärbung vor den Ohren	Nr. 10	Natrium sulf.
Wachsartig-weiße Ohrmuschel	Nr. 2	Calcium phos.
Die Verdickung vor dem Ohr ist aschgrau	Nr. 5	Kalium phos.
Fältchen vor dem Ohr	Nr. 11	Silicea
Pigment		
Sommersprossen auf weißem Untergrund	Nr. 2	Calcium phos.
Altersflecken	Nr. 12	Calcium sulf.
Flecken (im Gesicht) werden nicht braun	Nr. 4	Kalium mur.
Fleckenbildung (Sommersprossen, Altersflecken)	Nr. 6	Kalium sulf.
Poren		
Große Poren	Nr. 8	Natrium mur.
Schläfen		
Eingefallen	Nr. 5	Kalium phos.
Zähne		
Durchsichtige Spitzen	Nr. 2	Calcium phos.
Kalkflecken	Nr. 2	Calcium phos.
Zähneknirschen	Nr. 2	Calcium phos.

Zahnfleischreizung	Nr. 5	Kalium phos.
Tränensäcke		
Geschwollen (leicht)	Nr. 8	Natrium mur.
Geschwollen (stark)	Nr. 10	Natrium sulf.
Wangen		
Runde, rote Flecken	Nr. 7	Magn. phos.
Straff gespannt, pausbäckig	Nr. 8	Natrium mur.

ZELLSALZ NR. 1/12
CALCIUM FLUORATUM
ORIGINALREZEPTUR

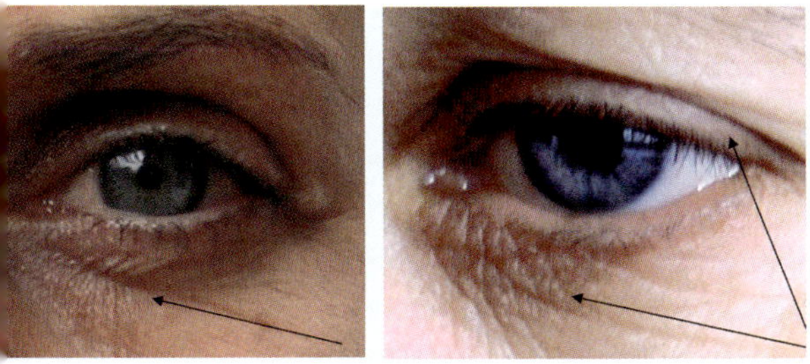

Rautenförmige Falten (Waffelstruktur), beginnend am inneren Augenwinkel

Kennzeichen für einen Mangel:

- Fächerstruktur (rautenförmig) unter den Augen (von sehr fein bis grob).
- Rautenförmige Fältchen (Waffelstruktur) auf dem oberen Augenlid.
- Blaue Lippen.
- Braun-schwarze Färbung unter dem Auge und/oder am oberen Augenlid.
- Überhängendes oberes Augenlid.
- Zu weiche oder zu harte Fingernägel.
- Schuppen.
- Schwielenbildung.

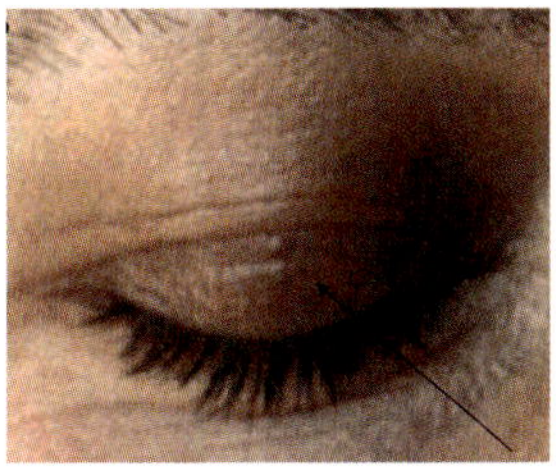

Braun-schwarze Färbung rund um das Auge in Kombination mit Rillen/rautenförmigen Falten unter dem Auge

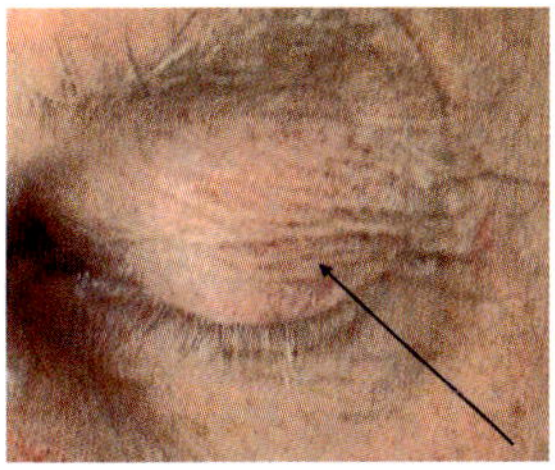

Rautenförmige Falten (Waffelstruktur) auf dem oberen Augenlid

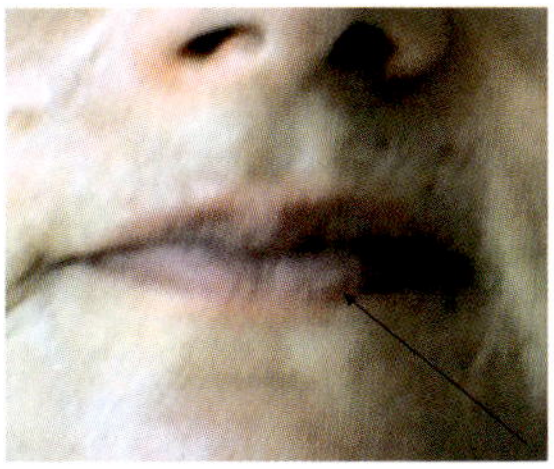

Blaue Lippen

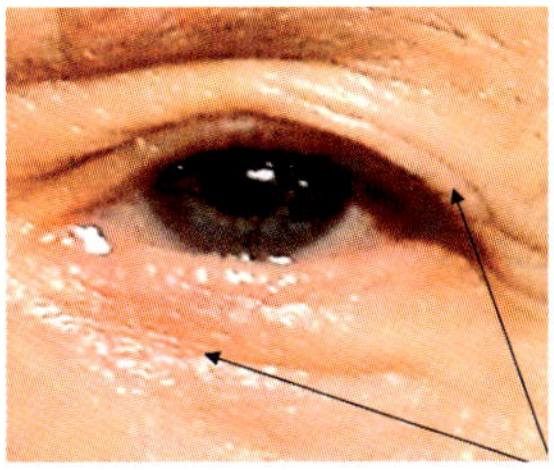

Herabhängende Augenlider (plus Nr. 22)

Bei einem Mangel neigt man zu Beschwerden infolge eines Mangels an körperlicher und geistiger Flexibilität.

Körperliche Eigenschaften

Aufbausalz, das die Bildung von Bindegewebe unterstützt, die den Körper in die Lage versetzen, fortwährend eine bestimmte Muskelspannung/Geschmeidigkeit zu bewahren.
Unentbehrlich für den Mineralienhaushalt.
Überlastung durch Elektrosmog und 'Strahlung' kann zu einem Mangel führen.

Geistige Eigenschaften

Ein Salz, das auf geistiger Ebene flexibel hält. Es ermöglicht, Veränderungen, Herausforderungen, Kritik und Unsicherheiten zu bewältigen. Unerlässlich für geistige Flexibilität.
Ein festes Ziel auf die eigene Weise erreichen können.
Materielle Sicherheit/Unsicherheit im Hinblick auf die Zukunft. Geht starrem Denken voran.
Verleiht die Geschmeidigkeit, um mit vollem Einsatz, Stehvermögen und Vergnügen zugleich arbeiten zu können.

Mögliche körperliche Beschwerden bei einem Mangel:

Müdigkeit durch zu starken atmosphärischen Einfluss
Schwächung des Stützgewebes und Verhärtung des Drüsengewebes

Erschlaffung hat Einfluss auf:

Knochenentkalkung	chronische Rückenschmerzen	Gelenkbänder
Halsbeschwerden	Knieschwäche	Falten (Haut)
Muskeln/Bauchmuskeln	Wanderorgane	Gefäßwände

Verhärtung führt zu folgenden Beschwerden:

Hämorrhoiden	Gefäßverkalkung	Schwielen/Knoten
Gebissschwäche	grauer Star	Schwerhörigkeit
Hoher Blutdruck	Gichtknoten	Knacken der Gelenke
Nackenverhärtung/-steifigkeit	Kopfschmerzen	Ohrensausen
Schmerzhafte Hüftgelenke	Hautabschuppung	schuppige Ekzeme
Krampfadern	Kropf	Schilddrüsenprobleme
Gelenkkapselverhärtung/ Fußballknie	Drüsenverhärtung	Mittelohrverkalkung

Allgemein:

Chronische Nebenhöhlen-entzündung	Ekzem/Arthrose	Muttermale/ Leberflecken
Hautentzündung	Lymphdrüsen-schwellung	*Bezug zum Schilddrüsenmeridian*
Körperteile, auf welchen man liegt, werden schnell gefühllos.		
Viel Luft im Darm.		

Mögliche geistige Folgen bei einem Mangel:

Angst vor finanzieller Unsicherheit
Konzentrationsschwäche/Gleichgewichtsstörungen
Demenz
Depressivität/Labilität
Gedächtnisschwäche
Kritikempfindlichkeit
Probleme im Umgang mit Unsicherheit
Schwarz-weiß-Denken und -Fühlen

Mögliche Störungen des Wohlbefindens bei einem Mangel:

Fühlt sich trotz des eigenen guten Willens unverstanden; das Umfeld fordert/ verlangt zu viel.
Gelenk- und Muskelbeschwerden treten hauptsächlich in Ruhephasen nach Anspannung auf.
Bei undeutlich definierten Zielen schnell deprimiert und labil.
Schlecht mit Kritik oder Kommentaren umgehen können.
Den ganzen Tag über Schwäche und Müdigkeit, besonders morgens.

ZELLSALZ NR. 2/6 CALCIUM PHOSPHORICUM
ORIGINALREZEPTUR

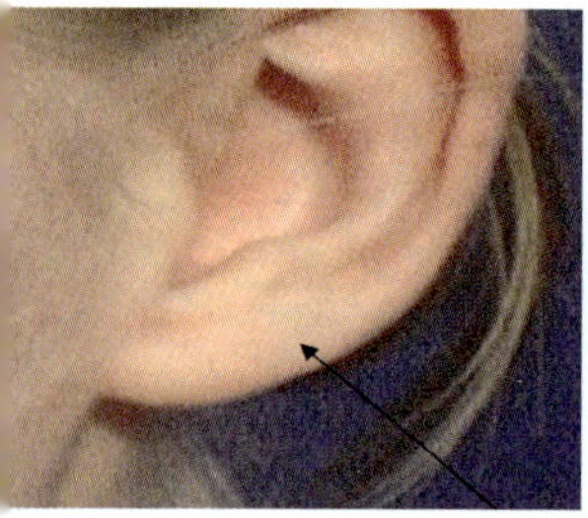
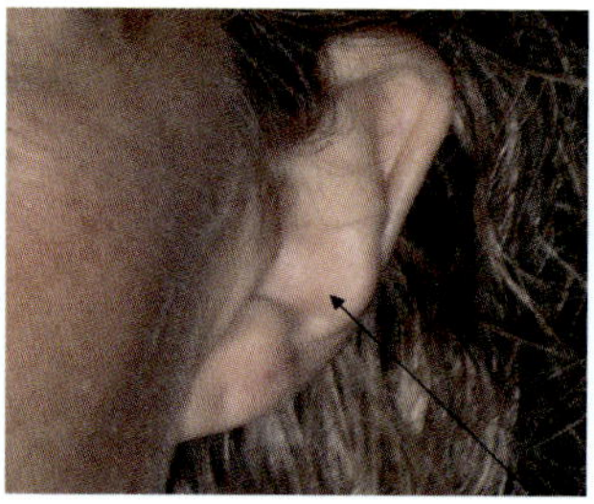

Wachsartige, weiße Verfärbung der Ohrmuschel

Kennzeichen für einen Mangel:

- Wachsartige Weißfärbung der Ohrmuschel und des Ohrläppchens.
- Wachsartige Streifen unter und/oder über den Augenbrauen.
- Sommersprossen auf wachsartig-weißem Teint im Gesicht.
- Wachsartig weiß unter der Nasenspitze.
- Weiße Flecken (Kalkflecken) auf den Fingernägeln und/oder Zähnen.
- Kälteempfindlich.
- Zähneknirschen.
- Durchsichtige Zahnspitzen.

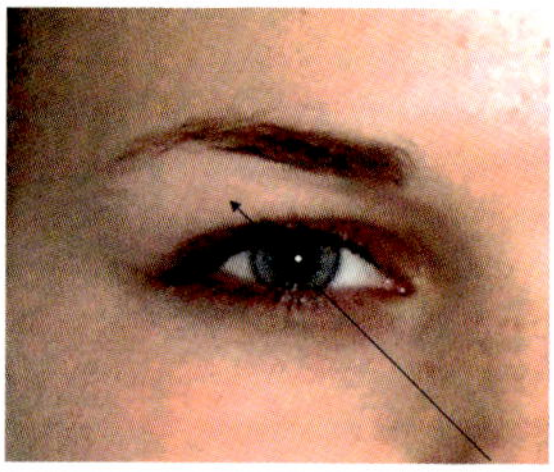

Wachsartige Streifen unter und/über den Augenbrauen

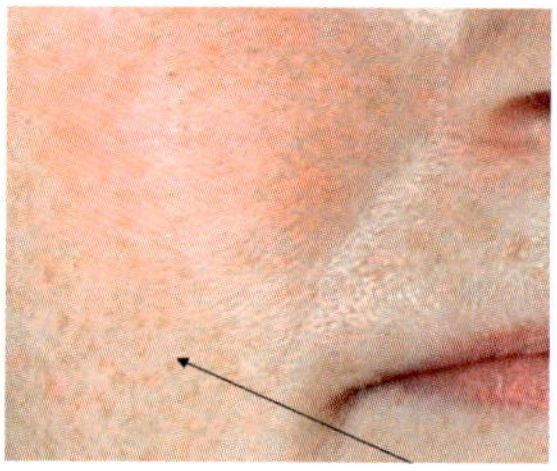

Sommersprossen auf wachsbleichem Teint

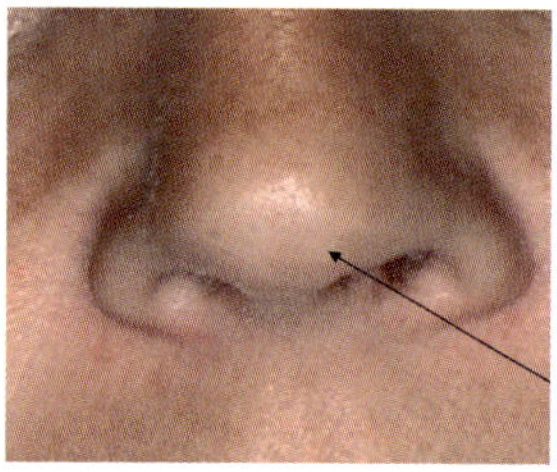

Kreidebleich an der Unterseite der Nase

Bei einem Mangel neigt man zu Beschwerden infolge zu großer Belastung.

Körperliche Eigenschaften:

Es aktiviert den Zellstoffwechsel und die Zellaktivität, regt die Verdauung an und steigert den Appetit.
Es stärkt die Abwehr und ist für die Regeneration von Gewebezellen unverzichtbar.
Es ist ein essenzielles Salz, um die optimale Aufnahme von Nährstoffen aus der Nahrung zu gewährleisten.
Unentbehrlich für die Aufrechterhaltung des Mineralienhaushaltes.
Neutralisiert Übersäuerung. Neutralisiert Übersäuerung infolge von Elektrosmog, Handy- und Sendemast-Strahlen.

Geistige Eigenschaften:

Ein Salz, das Sie auf geistiger Ebene zu guter Leistung befähigt.
Unsicherheit und Unruhe angesichts dessen, was man kann und was man nicht meistern kann. Überlastung.
Unerlässlich bei geistigen/körperlichen Anspannungen.
Ermöglicht es, Enttäuschungen, die man trotz eines hundertprozentigen Einsatzes erlitten hat, zu verarbeiten.

Mögliche körperliche Beschwerden bei einem Mangel:

Mangel an Lebenswärme, verschlimmert durch Feuchtigkeit.
Herpes-/Nervenvirusaktivität

Ermüdungserscheinungen nach oder durch Anspannung infolge fehlenden Regenerationsvermögens

Schmerzen im Gesicht	Sensibilität für Allergien	Mandelentzündung
Blutarmut	Knochenentkalkung	Sodbrennen
Chronisches Ekzem/Asthma	Durchfall/Bettnässen	Taubheitsgefühl und Kribbeln
Taube Finger/Zehen	trockene Haut	mangelnde Energie
Heiserkeit	Hüftbeschwerden	Kopfschmerz/Schwäche
Hautjucken bei Wärme	Hautpickel	eiskalte Füße

Ein- und Durchschlafschwierigkeiten	Ischias/Hernien/Lumbago	Gicht (mit Knoten)
Hals-Nasen-Ohrenprobleme	Halsbeschwerden	nächtliches Weinen (Kinder)
Kniebeschwerden	kalte Nasenspitze	kalte Gliedmaßen
Krampfartige Steifigkeit	Krämpfe	Magenprobleme
Mittelohrentzündung	Nächtliche Unruhe	(Nacht-) Schweiß
Neuralgie/Nervenreizung	Altersbeschwerden	übermäßiges Schwitzen
Schulterschmerzen	Geschwüre durch Pusteln	Pickel im Gesicht
Bezug zum Gallenblasenmeridian	rheumatische Gicht	'eingeschlafene' Körperteile
Schleimabsonderung	Muskel(faser-) beschwerden	Zuckerunverträglichkeit
Zittern der Gliedmaßen	Scheidenjucken	viel Hüsteln
Vergrößerte Tonsillen	Fettsucht/Abmagerung	Frauenleiden
Rheumatische Beschwerden mit Wetterfühligkeit	saures Aufstoßen	

Mögliche geistige Folgen bei einem Mangel:

Unzufriedenheit mit den eigenen Leistungen.

Geistige Widerstandskraft vermindert, schnell enttäuscht.

Ganz viel wollen, aber nicht können, auf eine bestimmte Weise 'lebensmüde'.

Mögliche Störungen des Wohlbefindens bei einem Mangel:

Das Gefühl, die von der Gesellschaft gestellten Anforderungen nicht erfüllen zu können.

Unzufriedenheit mit den eigenen Leistungen. Gefühl, dass die Enttäuschung dominiert.

Selbstbeschränkung bzw. Beschränkungen verursacht durch äußere Umstände, die die eigenen Möglichkeiten übersteigen.

Energiemangel, Lustlosigkeit und Müdigkeit durch ein Gefühl der Überlastung.

ZELLSALZ NR. 3/12
FERRUM PHOSPHORICUM
ORIGINALREZEPTUR

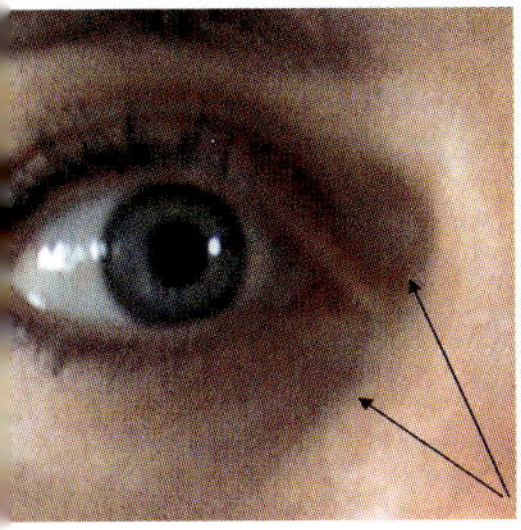

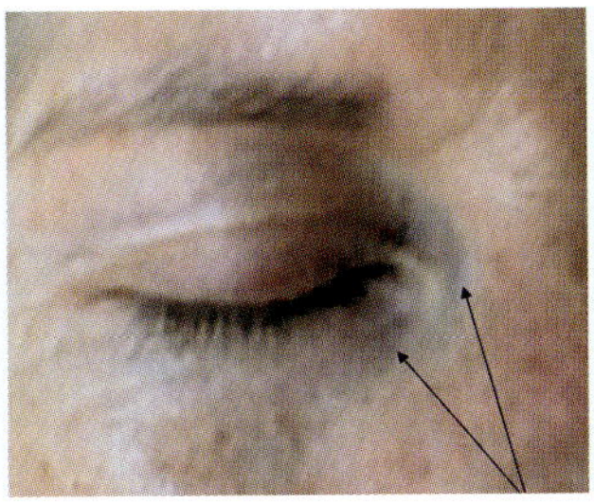

Blauschwarze Verfärbung, vom inneren Augenwinkel ausgehend

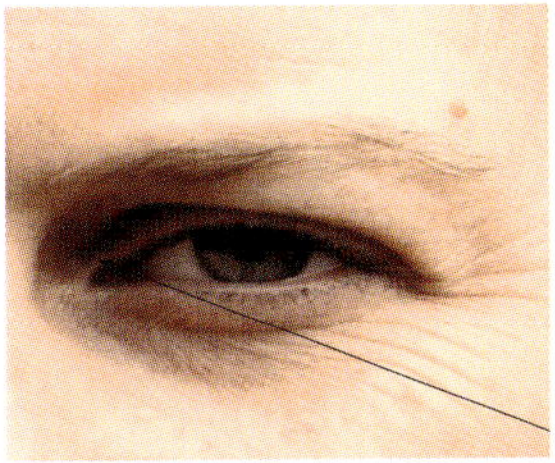

Hohläugigkeit

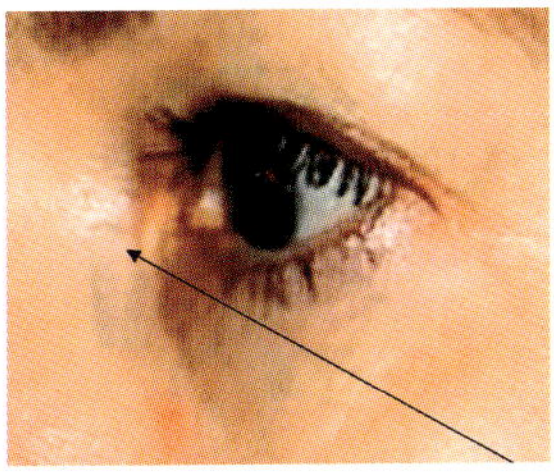

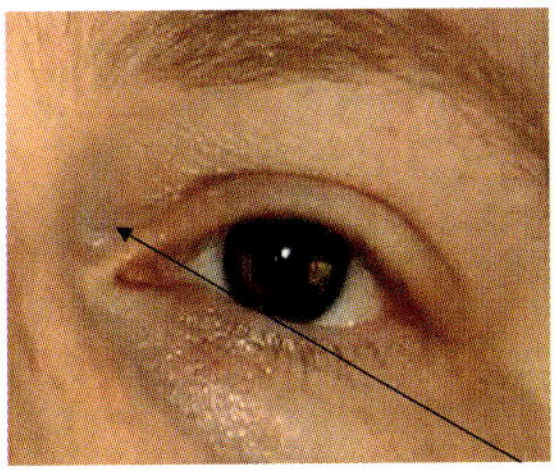

Dunkle oder farblos erscheinende Vertiefung (kleine Mulde) im inneren Augenwinkel

KENNZEICHEN FÜR EINEN MANGEL:

- Schatten im inneren Augenwinkel und von dort ausgehend, wie eine blaue bis schwarz-blaue Verfärbung, die sich bis über und unter das Auge ausbreiten kann.
- Dunkle oder farblos erscheinende Vertiefung (kleine Mulde) im inneren Augenwinkel.
- Hohläugigkeit durch das Verschwinden von Fettpölsterchen in der Augenhöhle, an der Nasenwurzel beginnend.
- Schnell müde.
- Konzentrationsschwäche.
- Sonnenunverträglichkeit.
- Rasch Muskelschmerzen.

Bei einem Mangel neigt man zu Beschwerden infolge einer Schwächung des Abwehrsystems auf der Zellebene.

Körperliche Eigenschaften:

Verleiht dem Körper Abwehrkräfte auf der Zellebene gegen Infektionen und körperfremde Stoffe.
Wichtig für den Sauerstofftransport im Blut.

Geistige Eigenschaften:

Wichtig für das Selbstvertrauen, dass man das, was auf einen zukommt, auch meistern kann.
Sorgfalt, Tatkraft und Unternehmungsgeist.
Eine ausreichende Versorgung des Organismus mit diesem Salz verleiht Ihnen Selbstvertrauen.

Mögliche körperliche Beschwerden bei einem Mangel:

Müdigkeit durch eine erschöpfte Abwehr auf der Zellebene. Dadurch wird die sekundäre Abwehr überaktiv. Die Folge ist Schwäche oder ähnliche Symptome.
Zuckerverwertungsprobleme mit Hitze und Hitzewallungen/Schwitzen.

Angegriffenes Hüftgelenk	akute Infektionen	Abnahme der Widerstandskräfte
Aphten	eingeklemmter Bruch	blaue Ringe unter den Augen
Blutarmut	unregelmäßiger Blutdruck	Blutandrang im Kopf
Chronisch erhöhte Temperatur	Durchfall	Durchblutungsstörungen
Schwindelgefühl/Leichtigkeit im Kopf	häufiges Wasserlassen	Grippegefühl, das nicht vergeht
Gelenkentzündung	Kopfschmerz	akuter Heuschnupfen
Hautbrennen	Unverträglichkeit/Allergien	klopfende Schmerzen
Kalte Hände/Füße	Reizhusten	Müdigkeit
Nächtliche Unruhe	Nasenbluten	unruhige Beine
Entzündungen	Ohrgeräusche	Ohrenentzündung

Hitzewallungen	Beschwerden im Klimakterium	Beschwerden im Klimakterium
Schmerzen im Rücken, in den Lenden, in den Knien und Knöcheln	*Bezug zum Nierenmeridian*	mittags schläfrig
Schulterschmerzen	schnell blaue Flecken	Krampfadern
Stechen über dem Auge	steifer Hals	Organschwäche
Muskelschwäche	Frostbeulen an den Händen/Füßen	Sonnenüberempfindlichkeit
Schwache Gefäßwände		

Mögliche geistige Folgen bei einem Mangel:

Unbestimmtes Gefühl, sich fortwährend verteidigen/Sorgen machen zu müssen.
Grübeln und mangelnder Lebenssinn. Schwermütigkeit.
Sich anhaltend oder regelmäßig 'geistig bedroht' zu fühlen.

Mögliche Störungen des Wohlbefindens bei einem Mangel:

Sich durch Kleinigkeiten schnell gequält fühlen. Das Gefühl haben, sich fortwährend verteidigen zu müssen.
Das Gefühl, dass es völlig an Unternehmensgeist und jeglicher Tatkraft mangelt. Es ist oft schwer, den Faden wieder aufzugreifen.
Gefühl der Gehetztheit (Unruhe), früher oder später gefolgt von Müdigkeit.
Fehlender Unternehmungsgeist und mangelnde Tatkraft.

ZELLSALZ NR. 4/6
KALIUM CHLORATUM/MURIATICUM
ORIGINALREZEPTUR

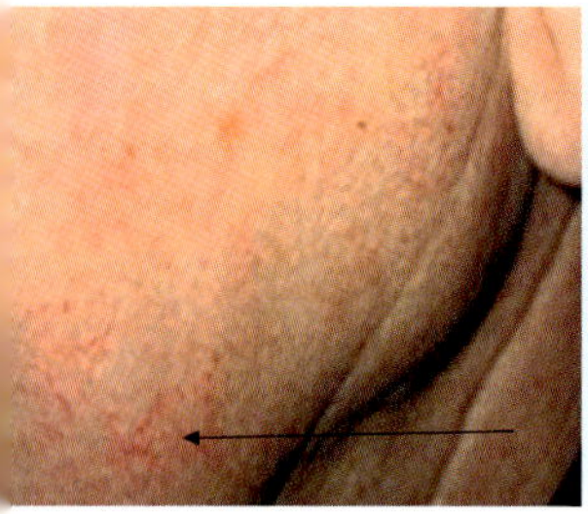

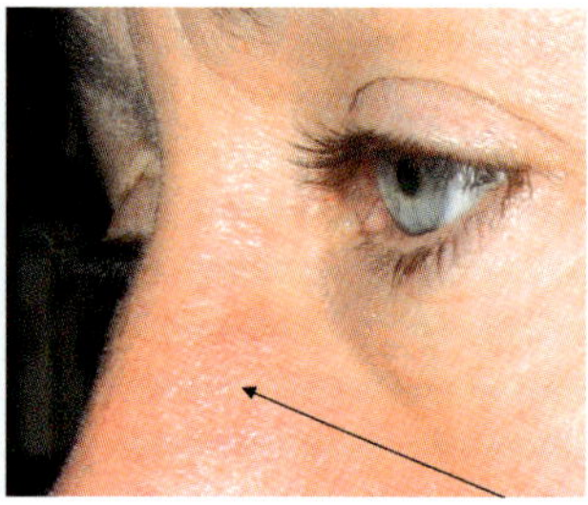

Couperose

KENNZEICHEN FÜR EINEN MANGEL:

- Sichtbare Haargefäße (Couperose).
- Milchig-bläuliche Verfärbung (Kalt-weiß).
- Hautgrieß (Fettpünktchen in der Haut).
- Rotbläuliche Färbung auf milchig-bleichem Grund.
- Das Gesicht oder Flecken darin wollen in der Sonne nicht richtig braun werden.

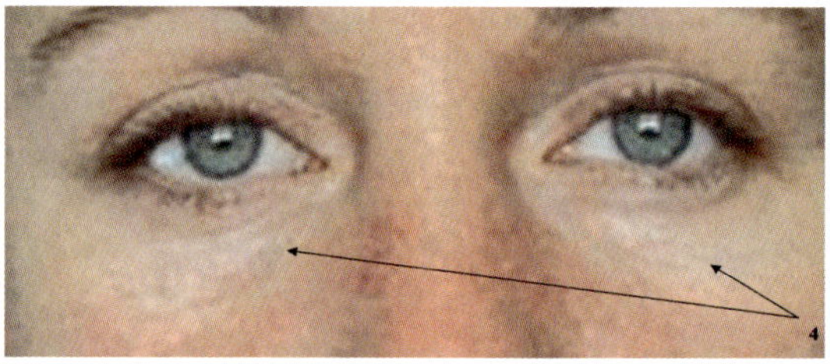

Milchfarbene Ringe um die Augen (Brillenform)

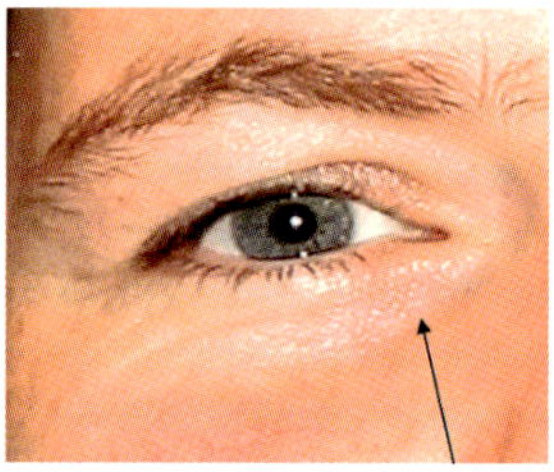

Grießbildung unter dem Auge

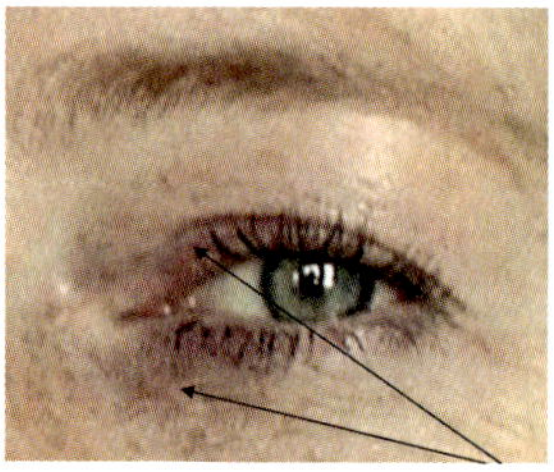

Rotbläuliche Färbung auf milchig-bleichem Grund

Bei einem Mangel neigt man zu Beschwerden infolge von 'Drahtigkeit' durch einen Mangel an Aktivität im Zellstoffwechsel.

Körperliche Eigenschaften:

Hält das Blut richtig im Fluss, verhindert die Gerinnung. Holt die Giftstoffe aus dem Blut.
Beugt der Verklebung von Hautschichten vor, die Ursache von chronischen Entzündungen ist.
Leitet chemische Verbindungen, die durch Elektrosmog und Sendemast-Strahlung entstanden sind, aus.

Geistige Eigenschaften:

Wichtig für die Flexibilität des Geistes.
Sorgt dafür, dass wir Erfahrungen und Gedanken loslassen können.
Relativierung von Denken und Gedanken.
Unentbehrlich für die Bildung und Aufrechterhaltung von Gehirnzellen.
Macht offen für ein breites Interesse für alles und jeden.

Mögliche körperliche Beschwerden bei einem Mangel:

Chronische Schwellung der Beine und Füße
Müdigkeit und Lustlosigkeit durch Unterfunktion von Leber und Milz
Übersäuerung und Verdickung des Blutes und der Körperflüssigkeiten

Gefäßentzündungen	Afterjucken/Hämorrhoiden	asthmatische Bronchitis
Bronchialasthma/Husten	Cholesterinprobleme	chronische Entzündungen
Darmprobleme	Ekzem	Emboliegefahr
Epilepsie	Gelbsucht › Haut	Gefühl von Sand in den Augen
Gluten-Unverträglichkeit	Herz- und Gefäßkrankheiten	Kopfschmerzen
Heuschnupfen/Nasenbluten	Hauterkrankungen/ Warzen	Hautprobleme
Hautausschlag und Jucken	Immunschwäche	drüsenartige Schwellungen

Kurzatmigkeit wegen Verschleimung	Lymphdrüsen-beschwerden	Magen- und Bauch-beschwerden
Gelenkentzündung	Hals-/Lungenentzün-dung	Lid-/Ohrenentzündung
Ohrprobleme	aufgedunsenes Gesicht	Sehnenscheiden-entzündung
Schmerzhafte Hüftgelenke	*Bezug zum Milzmeridian*	rheumatische Schmerzen
Unruhiger Schlaf	Schlafsucht	Schleimbeutel-entzündung
Muskelrheuma	Gefäßverengung/-ver-kalkung	Verkalkung des Drüsengewebes
Verklebung von Hautschichten	Appetitverlust	Unterfunktion der Leber
Übersäuerung der Muskeln	Vereiterung	Frostbeulen an den Händen/Füßen

Mögliche geistige Folgen bei einem Mangel:

Das Denken schwer abstellen können.

Angst vor einem Missgeschick.

Reizbar angesichts von Kleinigkeiten, Gedanken gehen durch den Kopf/Gefühl gehetzt zu werden/Entscheidungen zu treffen, fällt schwer.

Mögliche Störungen des Wohlbefindens bei einem Mangel:

Sensibel für alle Eindrücke, Angst vor Widrigkeiten.

Das Gefühl, die Gedanken nicht abstellen zu können. Dadurch gleichgültig gegenüber Ablenkungen.

Müdigkeit. Es fällt schwer, auf veränderte Umstände zu reagieren, Lustlosigkeit, Muskelschmerzen.

ZELLSALZ NR. 5/6
KALIUM PHOSPHORICUM
ORIGINALREZEPTUR

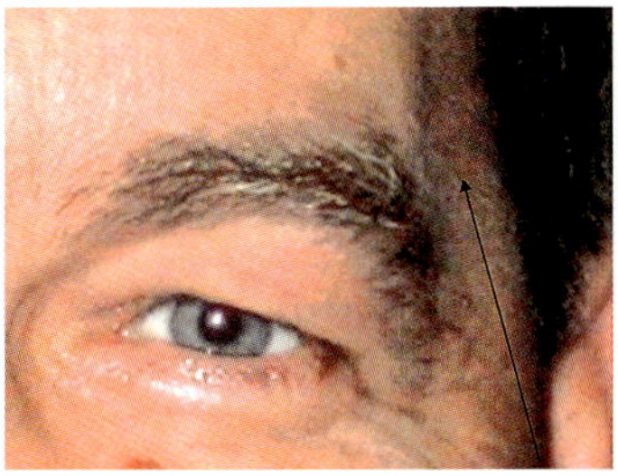

Eingefallene Schläfen

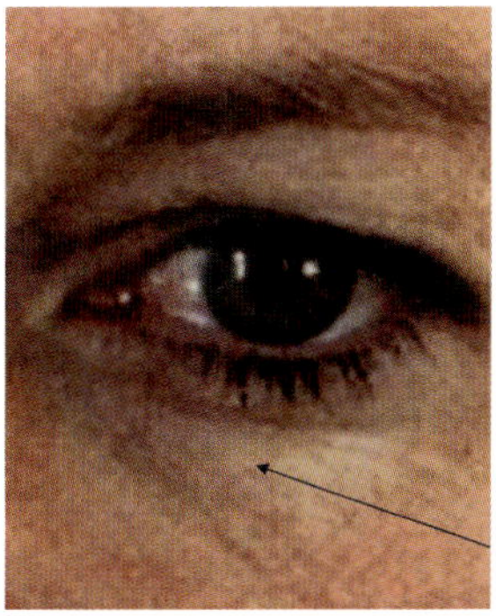

Aschgraue Verfärbung unter dem Auge

Kennzeichen für einen Mangel:

- Eingefallene Schläfen.
- Aschgraue Gesichtsfarbe.
- Matte Augen.
- Zahnfleischreizung.
- Mundgeruch.
- Schnell müde.

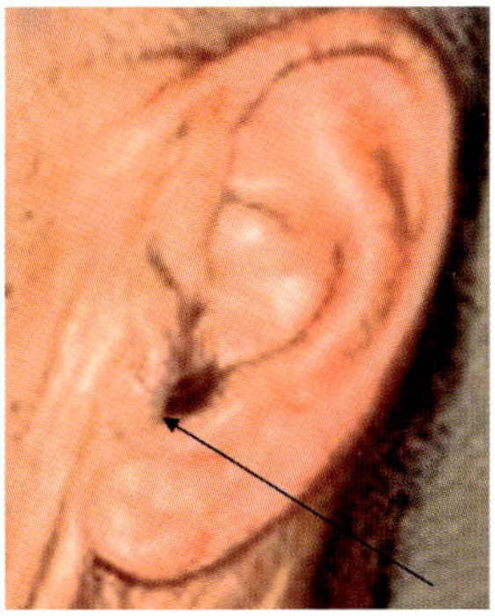

Aschgraue Verfärbung der Verdickung vor dem Ohr

Bei einem Mangel neigt man zu Beschwerden infolge einer Erschöpfung des Nerven- und/oder Muskelsystems.

Körperliche Eigenschaften:

Sauerstoffträger für die Gehirnzellen.
Wichtig für den Aufbau von Lezithin.
Das große Salz für die richtige Funktion der Nerven, der Lymphflüssigkeit und des Gehirns.
Element zur Aufrechterhaltung des Säure-Basen-Gleichgewichts in den Muskeln.
Verleiht dem Körper – vor allem dem Gehirn und den Nerven – das Regenerationsvermögen bei negativen Auswirkungen von elektromagnetischer Strahlung.
Wichtiger Energiespender.

Geistige Eigenschaften:

Gibt Kraft und die Fähigkeit, ohne Druck zu arbeiten.
Sich verantwortlich fühlen und/oder sein und alles bewältigen.
Befähigt uns, uns rechtzeitig Ruhe zu gönnen und nicht bis zur endgültigen Erschöpfung weiterzuhetzen.

Mögliche körperliche Beschwerden bei einem Mangel:

Müdigkeit, Muskelschwäche und geistige Erschöpfung durch ein ausgelaugtes Nerven- und Muskelsystem.
Herabgesetzter Widerstand der Haut-/Schleimhautschranken.

Nahrungsmittelbedingtes Asthma	Zahnfleischbluten	brennende Füße
Zerebralanämie	(chronischer) Katarrh der Luftwege	chronische Müdigkeit
Durchfall	Schwindelgefühl	Ekzem
Gürtelrose	Heuschnupfen	Hauterkrankungen
Hyperaktivität	Impotenz/unfruchtbar	Ischias
Jucken durch Nervenreizung	Jucken/Pusteln	Gefühl der Schlaffheit
Lumbago/Steifigkeit	Migräne/Kopfschmerz	Nachtschweiß

Entzündungen	Ohrenentzündung	Schmerzen von den Lenden bis zu den Knien
Bezug zum Dünndarmmeridian	Ruhelosigkeit	schlechte Verdauung
Muskelschmerzen/-steifigkeit	Muskelschwäche/-zucken	Stimmverlust
Steifheit nach Ruhe	Stressempfänglichkeit	Zahnstein/Zahnbelag
Ausbleiben der Menstruation	Haarausfall am Kopf	Verstopfung
Frostbeulen an den Zehen	Nervenschmerzen	

Mögliche geistige Folgen bei einem Mangel:

Angstgefühle	Bedürfnis nach Ruhe	Konzentrationsmangel
Depressive Gefühle	großes Schlafbedürfnis	Lernschwierigkeiten
Nervöse Störungen	Schlaflosigkeit	Stressempfänglichkeit
Erschöpfungsgefühl	Vergesslichkeit	Müdigkeit

Mögliche Störungen des Wohlbefindens bei einem Mangel:

Das Gefühl, dass man zu viel gefragt wird, dass man eigene Grenzen überschreiten muss, um die Erwartungen erfüllen zu können.

Das Bedürfnis, sich in sich selbst zurückzuziehen.

Negative Gedanken und/oder Ärger, die man nur schwer ablegen kann und die sehr viel Energie kosten, wenn man sie wegrationalisieren möchte.

Erschöpfungsgefühl. Gefühl, dass alles zu viel ist, was verlangt wird.

ZELLSALZ NR. 6/6 KALIUM SULFURICUM
ORIGINALREZEPTUR

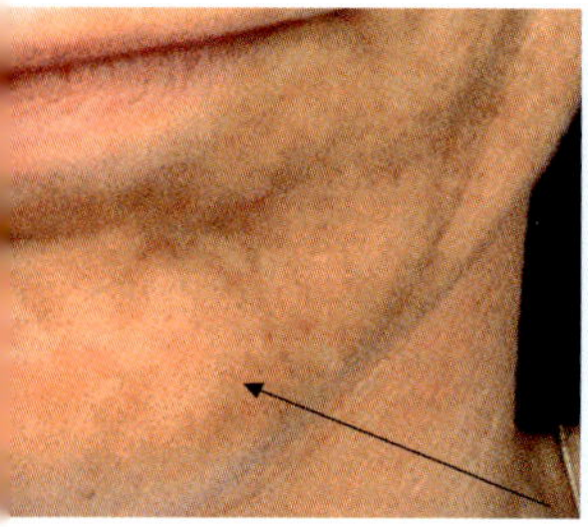

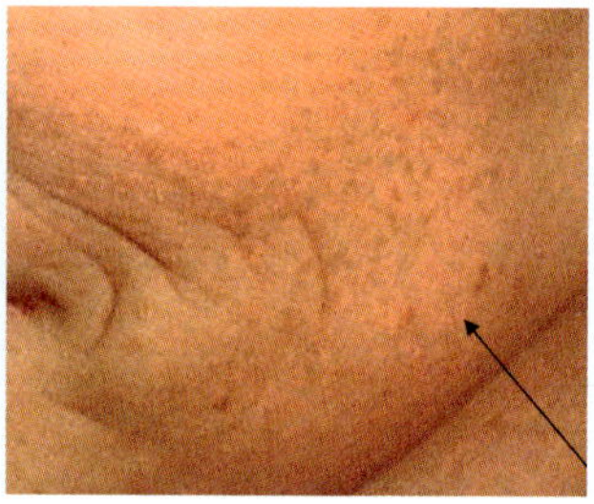

Fleckenbildung

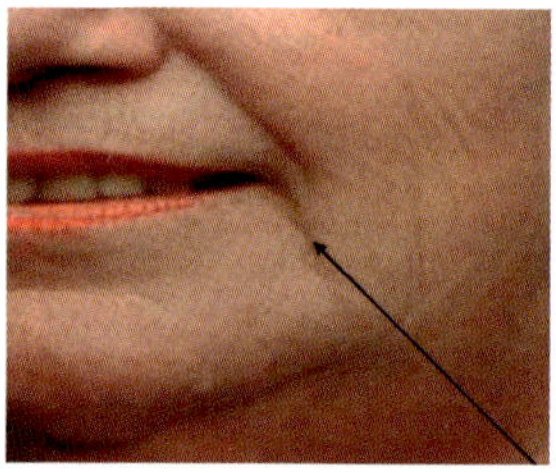

Herabgezogene Mundwinkel

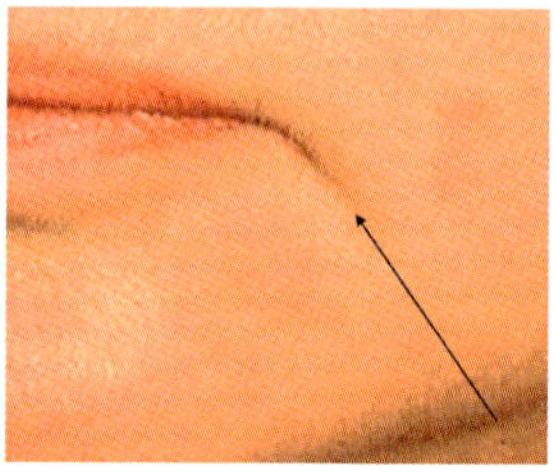

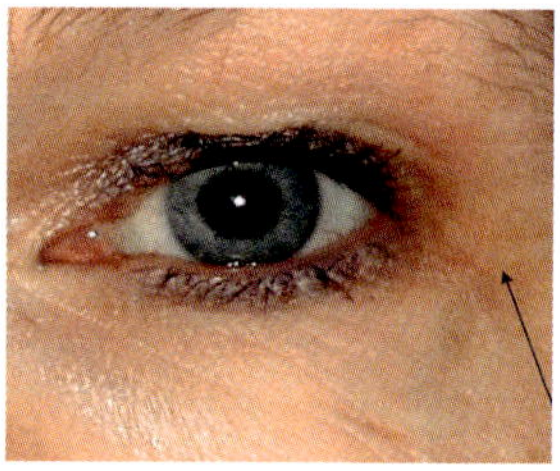

Gelb-braune (ockerfarbene) Verfärbung, vor allem im äußeren Augenwinkel

Kennzeichen für einen Mangel:

- Fleckenbildung (Pigmentflecken, Sommersprossen, Altersflecken).
- Gelb-braune (ockerfarbene) Verfärbung, vor allem unter dem Auge und im äußeren Augenwinkel sowie rund um den Mund.
- Herabgezogene Mundwinkel mit Grübchenbildung.
- Brauner Streifen über dem Bauch ab dem Nabel (sollte nach einer Schwangerschaft wieder verschwinden).

Bei einem Mangel neigt man zu Beschwerden infolge einer Abwehrschwäche durch herabgesetzte Widerstandskräfte infolge von Überlastung.

Körperliche Eigenschaften:

Wichtig für die Regeneration von Gewebe und Schleimhäuten.
Sauerstoffträger für den Transport aus dem Blut in die Zellen.
Wichtiges Mittel, um alle beweglichen Teile geschmeidig zu halten.
Reguliert die Oxydation (Sauerstoffaufnahme durch die Zellen).

Geistige Eigenschaften:

Wichtig für die Fähigkeit, geistige Belastungen zu verarbeiten.
Beherrschung und Überblick. Wenn keine Disziplin herrscht, wird man hektisch und hat keine Geduld.
Macht geistig stark und verleiht Durchsetzungsvermögen.
Ermöglicht die Genesung nach einer Phase der Überlastung.

Mögliche körperliche Beschwerden bei einem Mangel:

Abwehrschwäche infolge von zu geringem Sauerstoffgehalt in den Zellen. Die Folgen davon sind Müdigkeit und Abnahme der Widerstandskräfte.
Man kann nach jeglicher Form der Belastung (Virus, Parasit, Entzündung usw.) nicht wieder richtig genesen.
Zu trockene Darmwand, empfindsam für Reize über die Nahrung.
Trockene Gelenke, Reizung
Chronische Entzündung der Schleimhäute
Empfindlich auf verdorbene Nahrungsmittel
Neuralgische oder rheumatische Schmerzen im Rücken, im Nacken und/ oder in den Gliedmaßen, dadurch schmerzhafte Steifheit.

Schmerzen im Gesicht	Allergien	Bindehautentzündungen
Blasenprobleme	Bronchitis	Darmprobleme/ Darmkrämpfe
Trockene Gelenke	Harntröpfeln	Schwindelgefühl
Verschleierte Anämie	Gelenkentzündung	Mittelohrentzündung
Haarausfall/kahle Stellen	Kopfschmerzen	Schuppen
Hauterkrankungen	Juckreiz	Unverträglichkeiten

Kurzatmigkeit	Leichtigkeit im Kopf	Magenschwäche
Menstruationsbeschwerden	Entzündungen	Augenentzündungen
Blähbauch	*Bezug zum Lebermeridian*	rheumatische Muskelschmerzen
Rücken-/Nackenschmerzen	Steifigkeit im Rücken/ Nacken	schuppige Haut
Hals-Nasen-Ohrenerkrankungen		

Mögliche geistige Folgen bei einem Mangel:

Kann nicht zur Ruhe kommen, da er das Gefühl hat, noch so viel tun zu müssen. Dadurch Unruhe abends und nachts und infolgedessen unruhiger Schlaf. Wird oft und früh wach. Lebhafte Träume.

Ein Mangel macht immer empfindlicher für Reize von außen.

Je größer der Mangel, desto wichtiger wird es, sich an das Gewohnte zu klammern.

Mögliche Störungen des Wohlbefindens bei einem Mangel:

Je erschöpfter der Vorrat an diesem Salz ist, desto mehr Bedürfnis besteht nach planmäßiger Arbeit und desto mehr Angst kommt auf, die Dinge nicht rechtzeitig fertig zu bekommen. Es entsteht das Gefühl der Gehetztheit.

Das Gefühl, sich aufgrund des Drucks im Umfeld zu viel auf einmal aufgeladen zu haben

Das Gefühl, aufgrund der Veränderungen sein Leben nicht mehr unter Kontrolle zu haben.

Müdigkeit. Gefühl eines Kummers, der nicht vergeht.

ZELLSALZ NR. 7/6 MAGNESIUM PHOSPHORICUM
ORIGINALREZEPTUR

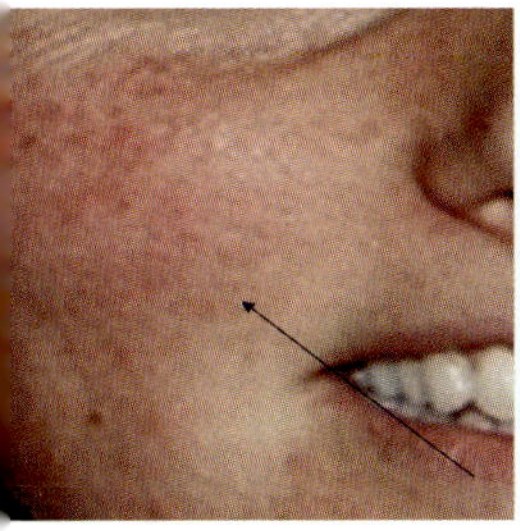
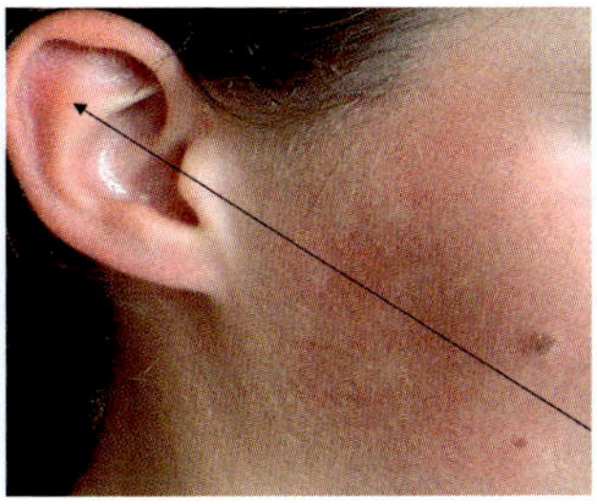

links: Latente Röte
rechts: Rote Ohren bei Aufregung

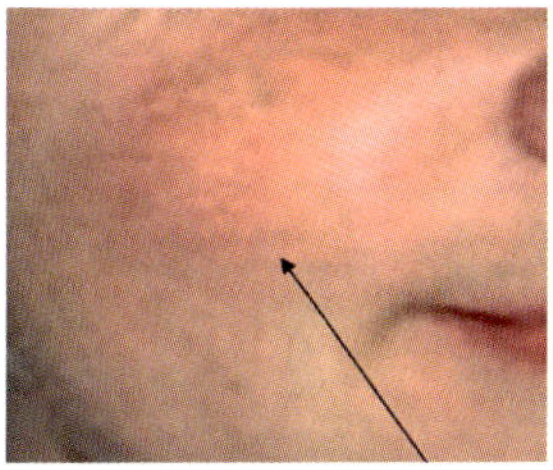

Rote Flecken in der Größe eines Zwei-Euro-Stückes auf den Wangen

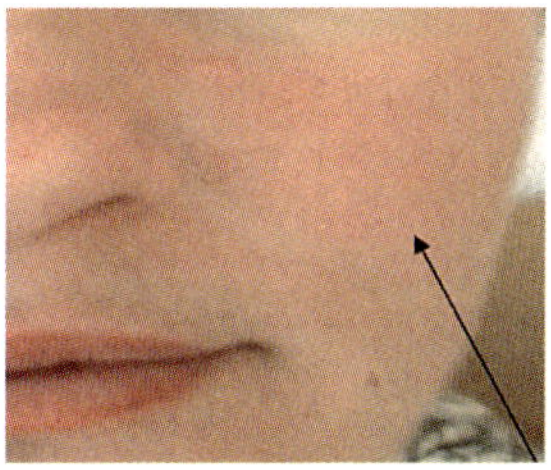

Konstante Röte

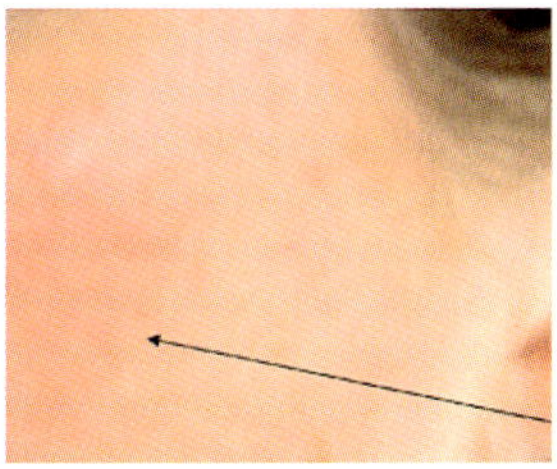

Leichte Blasen auf den Wangen neben den Nasenflügeln

Kennzeichen für einen Mangel:

Gerötete Wangen im Gesicht:

- Latente Röte: Kommt und geht bei Anspannung, Verlegenheit, Aufregung.
- Rote Ohren bei Aufregung (fühlen sich kalt an).
- Konstante Röte:
  1. Ganz rotes Gesicht.
  2. Runde rote Flecken auf den Wangen neben den Nasenflügeln ('Apfelbäckchen').
  3. Rote Flecken auf den Wangen in der Größe einer Zwei-Euro-Münze.
- Oft Bedürfnis nach Schokolade und Zucker.
- Krampfneigung.
- Beschwerden infolge von Verkrampfung.

Bei einem Mangel neigt man zu Beschwerden infolge einer Entgleisung des Stoffwechsels der Nerven, der Lymphe und der Muskeln.

Körperliche Eigenschaften:

Fördert den Stoffwechsel des Nervensystems, des Gehirns und der Muskeln.
Neutralisiert die Folgen der Überlastung durch Elektrosmog, Handy- und Sendemast-Strahlen im Nervensystem.
Reinigt das Lymphsystem.
Sorgt für die Nährstoffaufnahme im Gehirn.
Verleiht dem Körper Kraft durch die Fähigkeit, sich zu entspannen.

Geistige Eigenschaften:

Neutralisiert die Auswirkungen von Aufregung, Spannung, Stress oder Elektrosmog.
Wertung/Unterbewertung der eigenen Identität.
Hilft bei Desorientierung und Machtlosigkeit (Erröten).
Verhindert, dass man durch Verkrampfung in eine gewisse isolierte Rolle gerät.

Mögliche körperliche Beschwerden bei einem Mangel:

Erkrankungen des Nervensystems (wie etwa Parkinson, Zittern, Krampf).
Krämpfe, Kolikformen, unwillkürliches Zusammenziehen.
Schmerzen in den Lenden, im Nacken, in der Taille, in der Wirbelsäule; Schmerzen, die in den Rücken schießen.
Müdigkeit und Lustlosigkeit durch Erkrankung der Nerven und der Nervenbahnen.

Virusbelastung in den Nervenknoten durch Organüberfunktion infolge von Überlastung und durch Spannungen

Hin und wieder viel Gähnen	Blasenkrampf/ Bettnässen	(chronischer) Husten
(chronische) Müdigkeit	Ekzem/Ausschlag	Ekzem/weiße Hautabschuppung

Elektrisierende Schmerzen	empfindliche Zähne bei Erkältung	Gelenkschmerzen
Tumorbildung	Herzklopfen	Schluckauf
Kopfschmerzen/Migräne	Heuschnupfen	Innenohrerkrankungen
Ischias	Juckreiz	Kurzatmigkeit
Wadenkrampf	Menstruationsstörungen	Menstruationskrämpfe
Zwerchfellkrampf	nervöses Asthma	Stuhlgangprobleme
Beschwerden im Klimakterium	Schmerzen u. a. im Gesicht	Prostata-Entzündung
Pusteln	*Bezug zum Blasenmeridian*	Schlaflosigkeit
Spannungsgefühl	Darmkrämpfe	Muskelzucken
Muskelverhärtung	Stimmritzenkrampf	Kropf
Schweißausbrüche	häufiges Niesen	Blähungen
Nervenzucken im Augenlid		

Mögliche geistige Folgen bei einem Mangel:

Das (unbewusste) Gefühl, von anderen geringgeschätzt zu werden, mit der Folge von Spannung.

Aufgrund des gesellschaftlich erzeugten Anpassungsdrucks das Gefühl haben, selbst zu kurz zu kommen.

Depressivität und Spannungsgefühl. Stressempfänglichkeit.

Mögliche Störungen des Wohlbefindens bei einem Mangel:

Empfindlich gegenüber Geringschätzung, kann schlecht damit umgehen, wenn er ignoriert wird.

Aufregung erzeugt ein Gefühl der Machtlosigkeit. Neigt schnell zum Erröten.

Gefühl, der Einzige zu sein, der seine spezifische Kraft und Identität wertschätzen und respektieren kann. Druck durch die Unfähigkeit, sich entspannen zu können.

Müdigkeit, Erschöpfung mit innerer Unruhe.

ZELLSALZ NR. 8/6
NATRIUM CHLORATUM/MURIATICUM
ORIGINALREZEPTUR

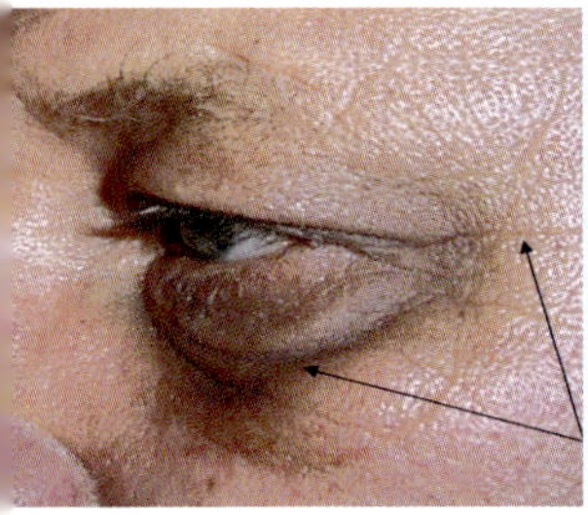

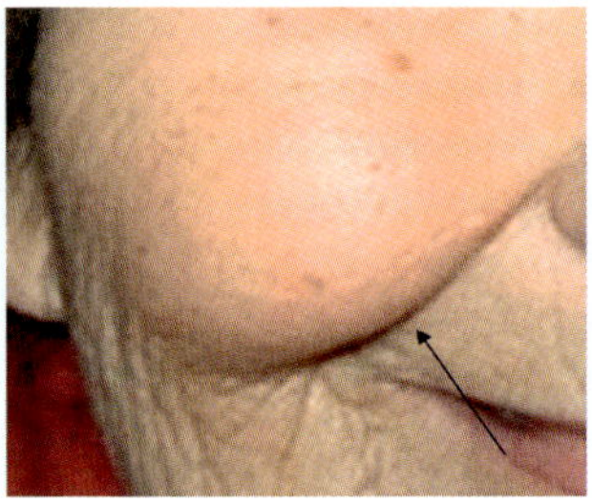

links: Große Poren
Braune Verfärbung rund ums Auge

rechts: Straff gespannte, pausbäckige Wangen

KENNZEICHEN FÜR EINEN MANGEL:

- Große Poren.
- Braune Verfärbung rund ums Auge.
- Straff gespannte, pausbäckige Wangen.
- Gelatineglanz auf dem oberen Augenlid (der Lidschatten setzt sich in den Fältchen fest).
- Gereizte Lidränder.
- Kopfschuppen.
- Schwellung der Tränensäcke unter den Augen.
- Hohl klingende Nase.

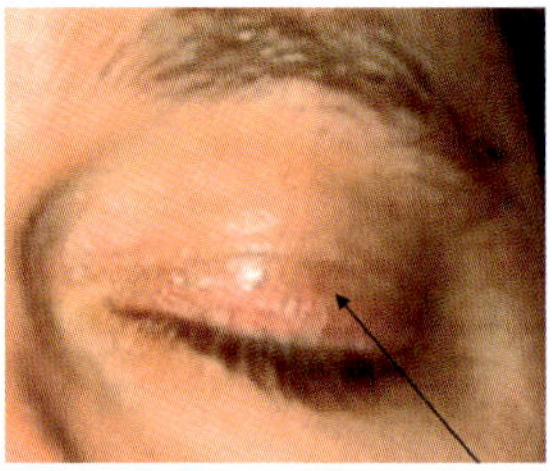

Gelatineglanz auf dem oberen Augenlid

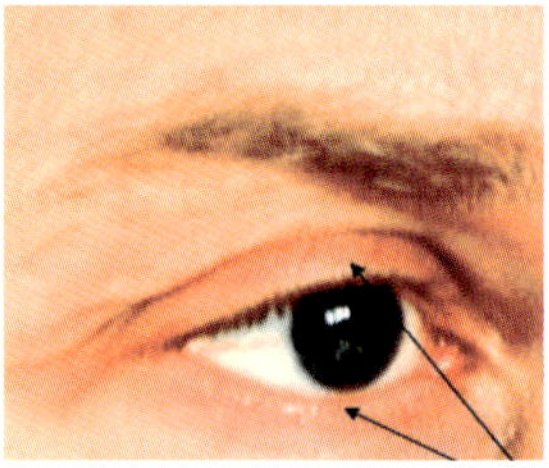

Gereizte Lidränder

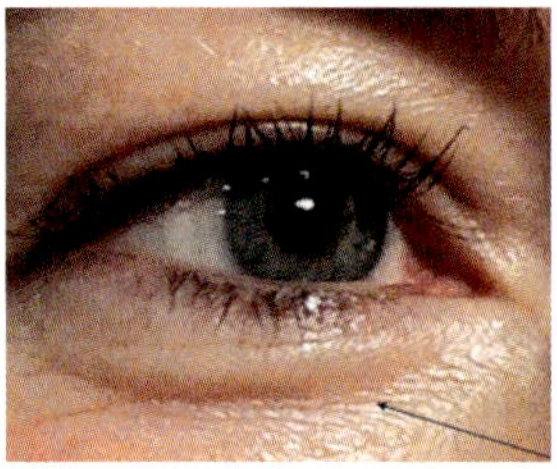

Beginnende Schwellung des Tränensackes unter dem Auge

Bei einem Mangel neigt man zu Beschwerden infolge einer Störung des Flüssigkeitshaushaltes.

Körperliche Eigenschaften:

Sorgt für die Flüssigkeitsverteilung im Körper und im Gehirn.
Es handelt sich um ein ausleitendes Salz bei Umweltverschmutzung und Sendemast-Strahlen.

Geistige Eigenschaften:

Verleiht ein starkes Gefühl für die eigene Identität und Einzigartigkeit.
Sorgt für einen Ausgleich zwischen Ausgelassenheit und Hypochondrie/Melancholie.
Verleiht die Kraft, in der Masse nicht verlorenzugehen.
Ermöglicht es, man selbst zu bleiben und doch inmitten einer Gruppe funktionieren zu können, ohne die eigene Identität aufzugeben.

Mögliche körperliche Beschwerden bei einem Mangel:

Rheumatische Schmerzen durch Feuchtigkeit
Gelenkprobleme/Gelenksteife
Hoher Blutdruck (durch das Blutvolumen)
Hitzewallungen/Beschwerden im Klimakterium
Ruhelosigkeit und Zucken der Muskeln
Müdigkeit durch einen gestörten Flüssigkeitshaushalt im Körper und im Gehirn
Schwaches/taubes Gefühl in Armen, Beinen, Knien usw.

Hämorrhoiden	Akne	Gefäßverschlackung
Befall durch Askariden	Kurzsichtigkeit	Blasenbeschwerden
Bleichsucht/Blutarmut	Sodbrennen	Bronchitis/Asthma
Katarrh in feuchten Räumen	Ohrgeräusche	Bandwurm
Dicke Fußgelenke	trockener Mund/Luftwege	empfindliche Gliedmaßen
Empfindlicher Rücken/Rückenschmerzen	Gluten-/Weizen-unverträglichkeit	Gürtelrose
Herzklopfen	Herpes/Mundbläschen	Kopfschmerz/Schwindel

Hautprobleme/Ekzem	Jucken am Skrotum	Gicht
Kalte Schauer über den Rücken	kalte Hände/Füße	laufende Nase/ Heuschnupfen
Menstruationsbeschwerden	Migräne/Schlaf-probleme	Verstopfung/Durchfall
Augenreizung und -entzündung	übermäßiges Schwitzen	Schmerzen im Bauch/ in der Leber/ in der Milzregion
Schmerzen in den Lenden	*Bezug zum Dickdarm-meridian*	rheumatische Gelenke
Schuppen/Haarausfall	Zuckerunverträglichkeit	Abmagerung/Fettsucht
Fettige Haut	taube/steife Finger	Winterhusten/Rhinitis
Warzen	schwache Gelenke/Knie	Schwäche, Müdigkeit
Schwellung im Mittelohr, Taubheit		

Mögliche geistige Folgen bei einem Mangel:

Depressive Gefühle durch Frustration. Kummer oder Verlust werden nur schwer verarbeitet.

Gefühl der Einsamkeit und Verschlossenheit. Hat schnell das Gefühl, übergangen oder nicht verstanden zu werden. Mit der Folge von Reizbarkeit und traurigen Gedanken.

Mögliche Störungen des Wohlbefindens bei einem Mangel:

Schnell betrübt.

Gefühl von Verlorenheit in der Masse.

Schwindelgefühl (unklarer Kopf) durch gestörten Flüssigkeitshaushalt im Gehirn.

Gefühl, dass man im Tausch gegen den vermeintlichen Vorteil, einer Gruppe anzugehören, sein Selbstwertgefühl opfern musste.

Schnell müde. Der Schlaf beseitigt die Müdigkeit nicht.

ZELLSALZ NR. 9/6
NATRIUM PHOSPHORICUM
ORIGINALREZEPTUR

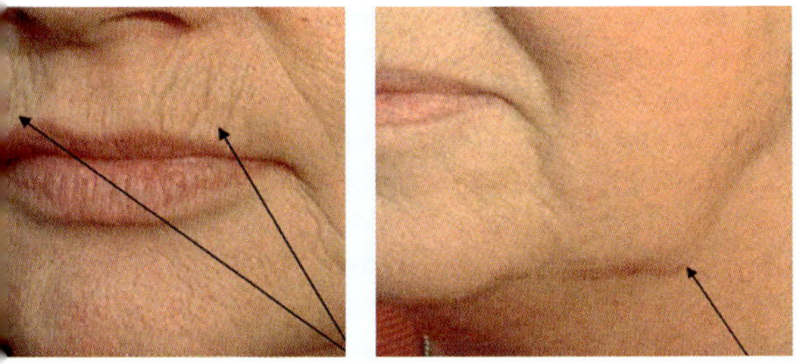

links: Vertikale Rillen in der Oberlippe
rechts: 'Hamsterbacken'

KENNZEICHEN FÜR EINEN MANGEL:

- Vertikale Rillen in der Oberlippe.
- 'Hamsterbacken'.
- Rotes Kinn.
- Pickel, Pusteln, Mitesser.
- Rotes Gesicht mit weißem Mittelstreifen (Schmetterling).
- Fettiges Haar.
- Fettige Haut.

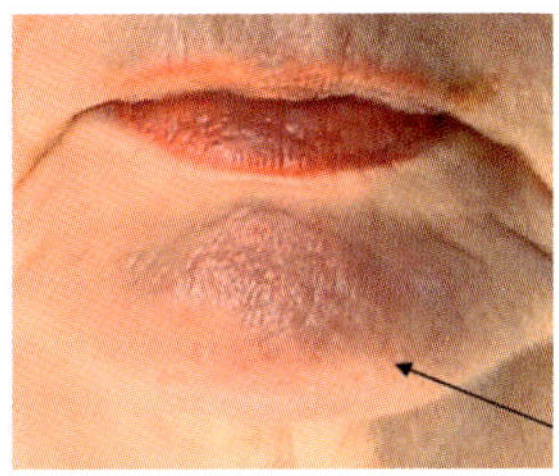

Rotes Kinn

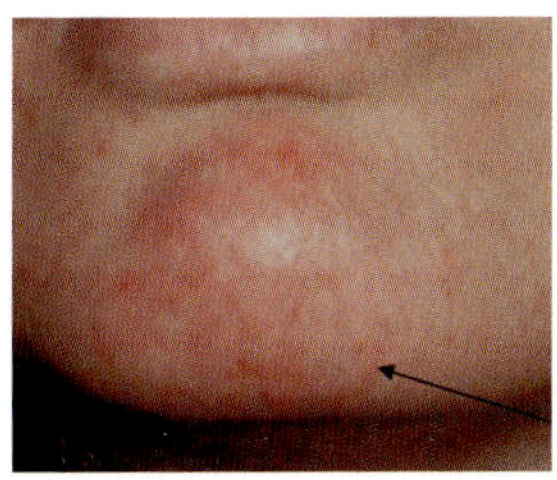

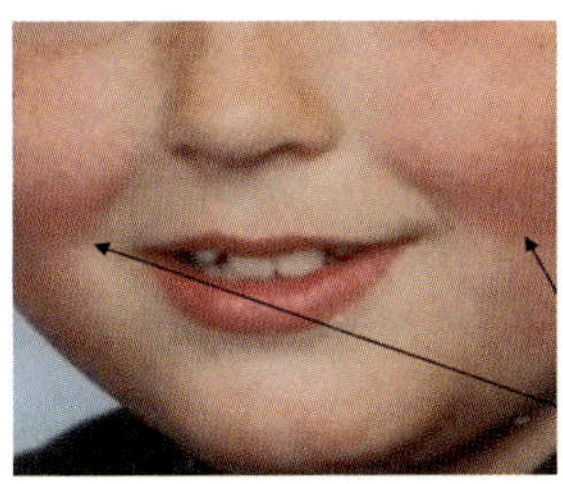

Rotes Gesicht mit weißem Mittelstreifen (Schmetterlingsform), sogenannte 'Sauermaske'

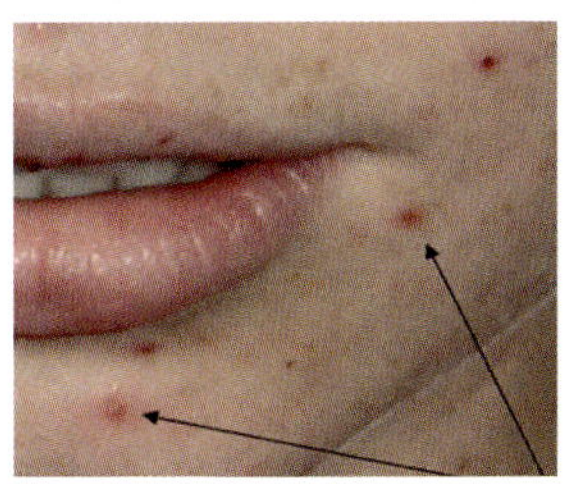

Pickel, Pusteln, Mitesser

Bei einem Mangel neigt man zu Beschwerden infolge von Übersäuerung der Zellen und des Gewebes.

Körperliche Eigenschaften:

Sorgt dafür, dass Harnsäuren aus Geweben gelöst bleiben.
Reststoffe des Eiweiß- und Zuckerstoffwechsels werden durch dieses Salz gebunden und unschädlich gemacht.
Reguliert den Fettstoffwechsel und die Gallenproduktion.
Neutralisiert Säuren.
Es ist ein ausleitendes Salz bei Umweltverschmutzung und Sendemast-Strahlung.

Geistige Eigenschaften:

Wichtig, um sich selbst inmitten aller Normen und Bedürfnisse anderer nicht zu verlieren.
Wichtig für das Gleichgewicht zwischen Niedergeschlagenheit und Aufgedrehtheit.

Mögliche körperliche Beschwerden bei einem Mangel:

Müdigkeit und Beschwerden durch Übersäuerung infolge einer Anhäufung von Abfallstoffen, infolgedessen Schlaf und Mattigkeit.
Bei einem Mangel kann der Stoffwechsel keine Fette aus der Nahrung aufnehmen.
Gelbe Absonderungen aus den Augen und Ohren.

Schmerzen im Gesicht	Atembeschwerden	belegte Zunge
Bindehautentzündungen	Blasensteine	chronische Schmerzen der Rückenmuskeln
Darmkrämpfe	Schwindelgefühl	Ekzem
Schwielenbildung	Gewichtszunahme	Gelenk- und Muskelschmerzen
Kopfschmerzen	Jucken am ganzen Körper	Juckreiz am Anus
Knotenbildung, Drüsen	Krämpfe/Reizung der Nackenmuskeln	Lymphdrüsen-Schwellung
Magenbeschwerden	Migräne	Neuralgien
Nasenkatarrh	Nierensteine	Ohrenentzündung

Pfeifen im Ohr	Schmerz in der rechten Leiste	schmerzhafte rheumatische Beschwerden/Gicht
Pusteln/Akne	*Bezug zum Kreislaufmeridian*	Rheuma/Gicht
Rheumatische Arthritis	Verdauungsstörungen	Trägheit der Leber
Nebennierenunterfunktion	fettige Haut	Blähungen
Weißfluss	saurer Schweiß	schwache Knie/Knöchel
Schwellung der Nackendrüsen		

Mögliche geistige Folgen bei einem Mangel:

Kann nur schwer alleine sein.

Geistige Niedergeschlagenheit und Gefühl der Erschöpfung und Gereiztheit.

Mögliche Störungen des Wohlbefindens bei einem Mangel:

Unbestimmte Angstgefühle, sorgenvolle Befürchtungen.

Bedürfnis beispielsweise nach Kaffee, um in Gang zu kommen. Bei Konsum von Reizmitteln (z. B. Kaffee, Zucker, Produkte, die reich an Konservierungssalzen sind), Mattheit und Müdigkeit.

Gefühl, durch die Normen und Bedürfnisse anderer zu viel mitgerissen zu werden. Dadurch entsteht das Gefühl, neben sich zu stehen.

Gefühl von Schlappheit und Mattigkeit morgens. Wenn man aktiv wird, dann vor allem abends.

ZELLSALZ NR. 10/6
NATRIUM SULFURICUM
ORIGINALREZEPTUR

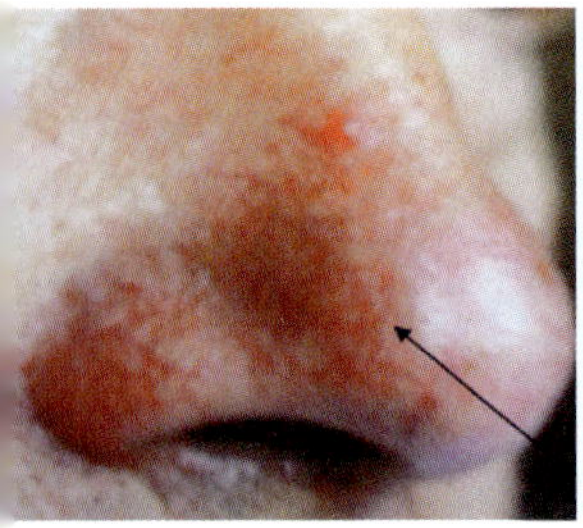

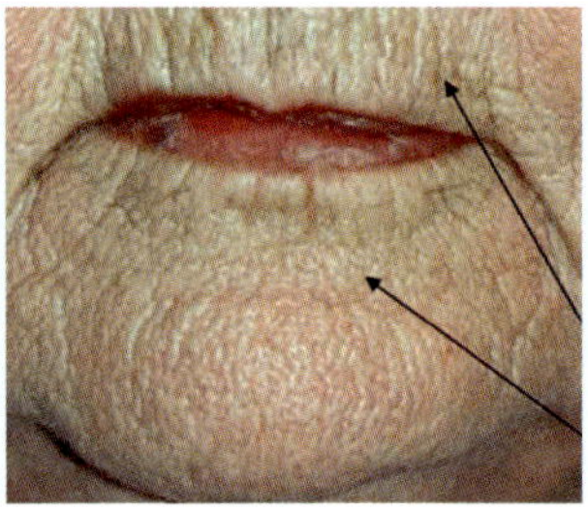

links: Entzündungen, bläulich-rot, an der Nasenspitze beginnend.
rechts: Grüngelbe (gallefarbene) Verfärbung der äußeren Augenwinkel, an der Nasenwurzel, vor den Ohren, an Mund- und Kinnpartie.

KENNZEICHEN FÜR EINEN MANGEL:

- Gelbe Skleren.
- Entzündungen, bläulich-rot, beginnend an der Nasenspitze und quer über den Nasensattel → Wangen → Stirn → Ohren → Gesicht.
- Grüngelbe (gallefarbene) Verfärbung der äußeren Augenwinkel, an der Nasenwurzel, vor den Ohren, an Mund- und Kinnpartie.
- Stinkende Blähungen.
- Juckende Haut.
- Geschwollene Hände/Füße.

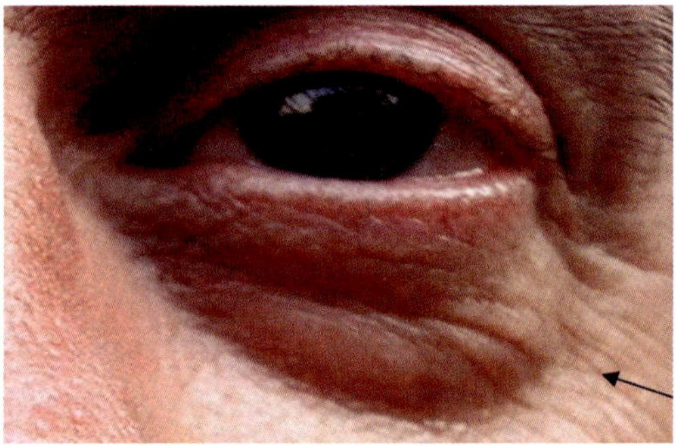

Tief durchhängende, geschwollene Tränensäcke unter den Augen.

Bei einem Mangel neigt man zu Beschwerden infolge ungenügender Ausscheidung von Abfallstoffen.

Körperliche Eigenschaften:

Entschlackungsmittel, befindet sich nicht direkt in den Zellen, sondern in der extrazellulären Zellflüssigkeit.
Leitet überschüssige Flüssigkeit und überzählige Zellen und Abfallstoffe aus.
Regelt die Gallenproduktion.
Reinigt die Lymphe.
Salz, das bei Strahlenbelastung ausleitend wirkt.
Erste Erscheinungen bei Mangel: Augenprobleme, Zuckerunverträglichkeit.

Geistige Eigenschaften:

Regt eine 'gesunde' Aggression in Bezug auf die Verteidigung in Situationen an, mit welchen man konfrontiert wird.
Beugt dem Gefühl vor, dass die eigene Stabilität angegriffen wird, und verhindert Gereiztheit und Entmutigung.
Hilft, den Sinn im Leben zu bewahren, indem man mit Humor den Blick für die Realität wahrt.

Mögliche körperliche Beschwerden bei einem Mangel:

Sanfte Entspannung (abends)
Müdigkeit/Unlust, weil man Abfallstoffe nicht ausscheiden kann
Geschwächtes Autoimmunsystem

Asthma (bei Feuchtigkeit)	Autoimmunkrankheiten	Bettnässen
Beklemmungsgefühl in der Herzgegend	brennendes, feuchtes Ekzem	brennende Fußsohlen
Bronchitis (bei Feuchtigkeit)	Cholesterinprobleme	Diabetes/Unverträglichkeit von Zucker
Schwindelgefühl	Probleme bei der Gallenproduktion	Gelbsucht
Empfindlichkeit im Magen-/Leberbereich	empfindliche Augen	Empfindlichkeit im Rücken und Nacken
Gewichtsprobleme	Kopfschmerz/Migräne	Ischias/Schmerzen im unteren Rückenbereich

Jucken allgemein/ Jucken in den Zehen	Juckreiz beim Ausziehen	Leberverfettung
Überlastung der Lymphe	Magenbeschwerden	Mittelohrentzündung
Nasenbluten	Verstopfung	Aufgeblähtheit
Schmerzhafte Schultermuskulatur	schmerzende, raue Hände	*Bezug zum Herzmeridian*
Rheumatische Beschwerden	Ekzem/Akne/Pusteln	schnelles Ermüden der Augen
Muskelbeschwerden	Brennen beim Harnlassen	vergrößerte Prostata
Gestörter Sauerstoffwechsel	Fettsucht/Ödeme	Blähungen
Warzen/Hautbläschen		

Mögliche geistige Folgen bei einem Mangel:

(Unbewusste) passive Haltung nach dem Motto „Lass' mich doch" oder „Lass' mich damit in Ruhe".

Neigung, sich anstehenden Problemen zu entziehen.

Unbestimmtes Gefühl, „überlastet" zu sein.

Mögliche Störungen des Wohlbefindens bei einem Mangel:

Gefühl von mangelnder Stabilität, fehlender Ruhe, Harmonie und Sicherheit.

Neigung, sich von der Gesellschaft mit all ihren Härten zurückzuziehen.

Ruhelos. Verlangen, sich zu bewegen. Unruhe.

Bedürfnis nach Aufmerksamkeit, will jedoch gleichzeitig nirgends einbezogen werden.

Gefühl der Müdigkeit, insbesondere in den Knien. Müde Augen.

ZELLSALZ NR. 11/12 SILICEA
ORIGINALREZEPTUR

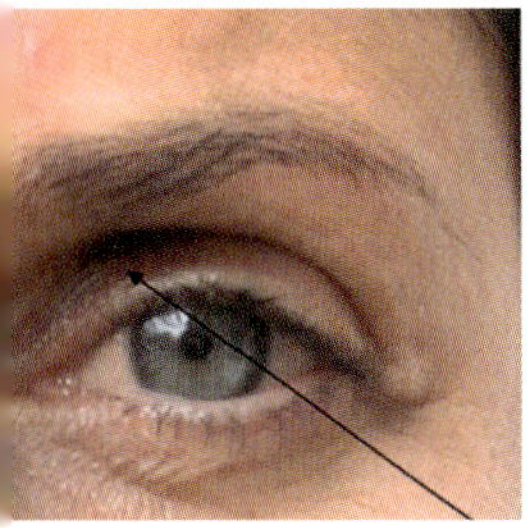
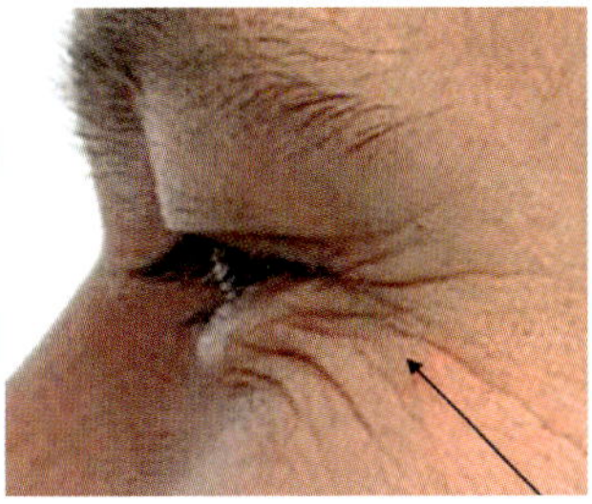

links: Höhle am Augenlid – Hohlraum über dem Augenlid in der Augenhöhle

rechts: Krähenfüße

KENNZEICHEN FÜR EINEN MANGEL:

- Höhle am Augenlid – Hohlraum über dem Augenlid in der Augenhöhle.
- Fältchen vor dem Ohr.
- Krähenfüße.
- Falten/Rillen am Hals.
- Falten in der Haut.
- Schnelles Schwitzen.
- Schnell blaue Flecken.
- Lichtempfindlichkeit.
- Unangenehmer Schweißgeruch.
- Kahlköpfigkeit.
- Glasurglanz, an der Nasenspitze beginnend → Wangen → Stirn und auch auf dem Schienbein.

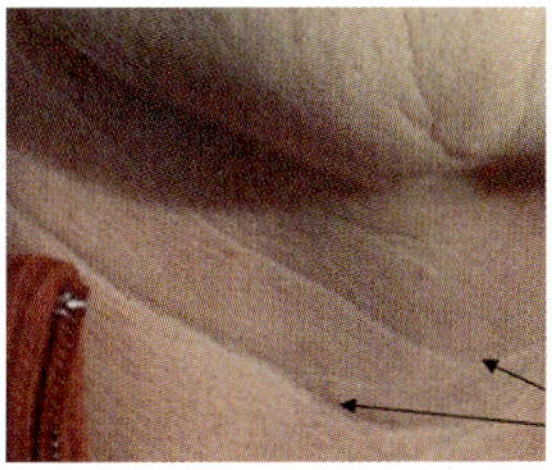

Falten/Rillen am Hals

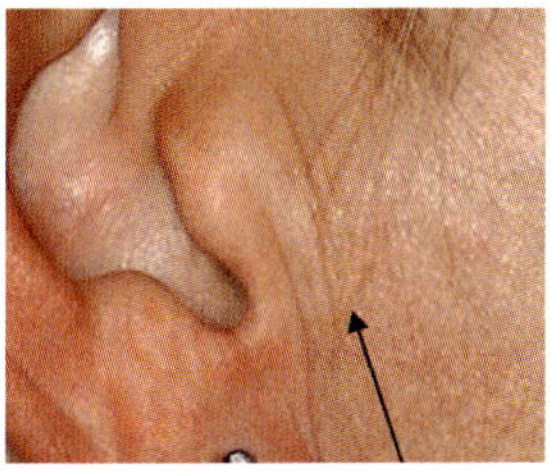

Fältchen vor dem Ohr

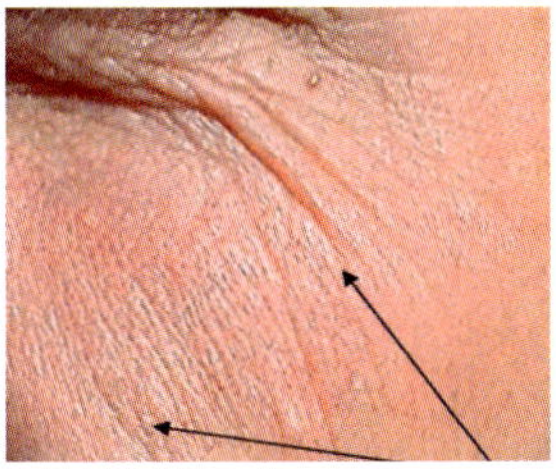

Falten in der Haut

Bei einem Mangel neigt man zu Beschwerden infolge einer durch Überlastung verursachten Abwehrschwäche und zu hoher Nervenanspannung.

Körperliche Eigenschaften:

Verleiht dem Körper Abwehrkräfte gegen nicht-bakterielle Infektionen und Fremdstoffe.
Regeneriert, leitet Gifte, Fäulnis und belastende Stoffe aus.
Baut Harnsäuren ab und sorgt für deren Ausscheidung.

Geistige Eigenschaften:

Macht selbstbewusst, zielgerichtet und stark. Grenzen ziehen und erkennen können.
Eine gute Versorgung mit diesem Salz schenkt Selbstvertrauen und schirmt zu starke Einflüsse von außen ab.
Verleiht die Fähigkeit, sich inmitten aller Anforderungen, die an jemanden gestellt werden, zu behaupten.

Mögliche körperliche Beschwerden bei einem Mangel:

Erkrankung des Nervensystems, Zittern, Beben, Muskelschwäche
Heftige Reaktionen auf Temperaturschwankungen
Müdigkeitsgefühl durch Schwäche des Abwehr- und Nervensystems
Erhöhte Empfindlichkeit gegenüber Schimmel, Parasiten, Stoffe, umweltverschmutzende Stoffe usw.
Rheumatische Beschwerden durch Ansammlung von Abfallstoffen
Abnutzung des Knochensystems und der Bänder
Schwache Ausdauer
Wassersucht/Gewichtsprobleme

Mandelabszesse	Probleme mit Blutgefäßen/Blutdruck	Bronchitis/Asthma
Bauchbeschwerden	Cholesterinprobleme	chronisch aktive Schleimhäute
Chronische Blasenentzündung	Druckgefühl auf den Augen	Ekzem
Fisteln	heikle Verdauung	heikler Stoffwechsel
Empfindliche Haut	Gelenkschmerzen	Haarausfall

Kopfschmerzen	Hautjucken (brennend)	Ischias/Rückgratverkrümmung
Beschwerden der Geschlechtsorgane	Knie-/Hüftbeschwerden	Knoten in den Brustdrüsen
Lymphdrüsenschwellung	Nagelvereiterung	Augen – Buchstaben durcheinander
Unruhe	Ohrensausen/Schwindelgefühl	Blähbauch
Schmerzen im Rücken/Nacken	postvirales Syndrom	*Bezug zum Lungen-Meridian*
Ruhelosigkeit	Nachtschweiß	Schilddrüsenprobleme
Schlaflosigkeit	Entzündungen der Schleimhäute	Krampfadern
Steifer unterer Rückenbereich	Wundheit zwischen den Zehen	Nervenreizung/ -schwäche
Schweißfüße	schwitzige Hände/Füße	

Mögliche geistige Folgen bei einem Mangel:

Geistig in sich selbst gekehrt, verletzlich durch mangelndes Selbstvertrauen. Zweifelt schnell am eigenen Können. Neigt schnell dazu, sich zu entschuldigen.

Schlaflosigkeit, Nervosität, Konzentrationsprobleme, Stimmungsschwankungen.

Mögliche Störungen des Wohlbefindens bei einem Mangel:

Fallangst, mangelndes Selbstvertrauen, Lärmüberempfindlichkeit, überempfindlich auf optische Eindrücke usw.

Hat aufgrund der Unsicherheit hinsichtlich der Anforderungen, die an ihn gestellt werden, schnell das Gefühl, gegängelt und missbraucht zu werden.

Einerseits will man Sicherheit über die Leistungen, die man erbracht hat, andererseits sucht man die Freiheit, nach der richtigen Vorgehensweise selbst zu suchen.

Müdigkeit, Schwäche, mit dem Bedürfnis zu liegen. Schnell lustlos. Kälteempfindlich. Kalte Hände und Füße. Schwitzig.

ZELLSALZ NR. 12/12
CALCIUM SULFURICUM
ORIGINALREZEPTUR

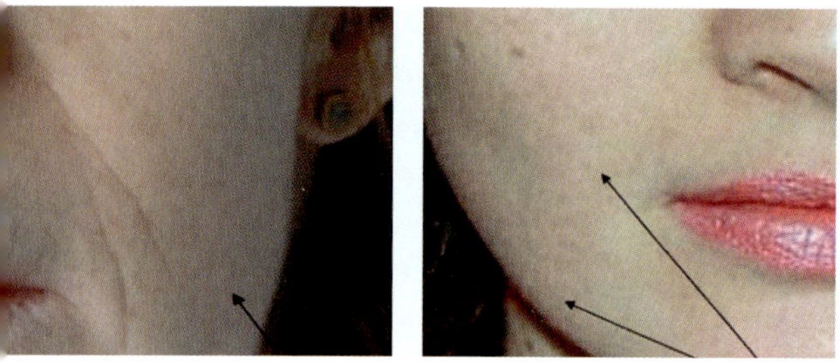

Alabasterweiße, 'bleiche bis grau-bleiche' Verfärbung des Gesichts

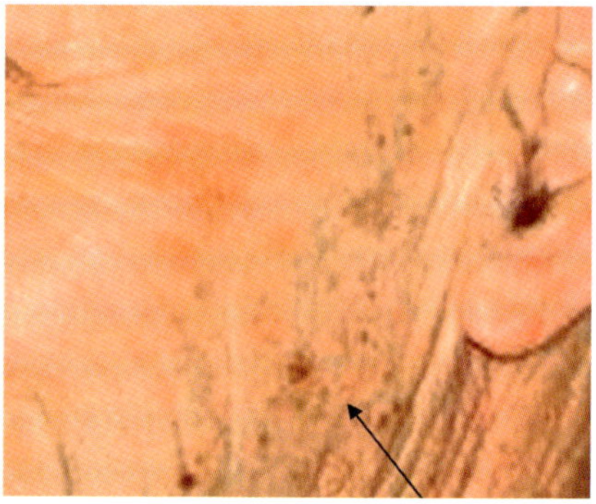

Altersflecken, Leberflecken, fleckiges Gesicht

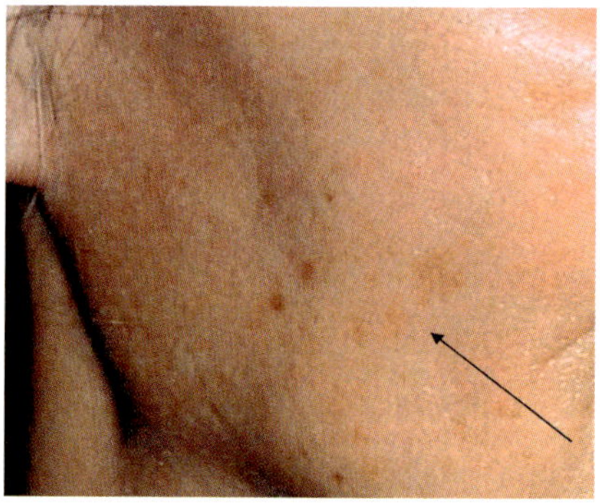

Kennzeichen für einen Mangel:

- Altersflecken, Leberflecken, fleckiges Gesicht.
- Alabasterweiße, 'bleiche bis grau-bleiche' Verfärbung des Gesichts.
- Empfindlichkeit der Hohlorgane.
- Anhaltende Müdigkeit.

Bei einem Mangel neigt man zu Beschwerden infolge der Belastung des Blutes und der Leber mit Abfallstoffen.

Körperliche Eigenschaften:

Vor allem wichtig für das richtige Funktionieren der Leber.
Blutreiniger.
Reinigt bei innerem Verfall des menschlichen Körpers und in vergifteten Teilen.
Überzieht alle Innenhäute der Organe, die damit in Berührung kommen, mit Flüssigkeit.
Beugt Schleimhautreizungen (Darm, Nase, Ohren, Magen, Blase usw.) vor.

Geistige Eigenschaften:

Hilft geistig, innere Aggressionen, die durch Extremsituationen entstanden sind, abzubauen.
Gehetztheit/Lustlosigkeit.
Rückschläge durch äußere Beschränkungen verarbeiten können.
Gibt offensichtlich etwas quertreibenden und launischen Menschen ihren Charme und ihre Kraft zurück.

Mögliche körperliche Beschwerden bei einem Mangel:

Beschwerden nach einer körperlichen Anspannung. Die Aktivität selbst verursacht keine Beschwerden
Müdigkeit und Lustlosigkeit durch Blutzerfall

Asthma	Nebenhöhlenentzündung	Bindehautprobleme
Blasenentzündung	brennende Füße	chronische Erkältung
Schwindelgefühl bei schnellen Bewegungen	Ekzeme/Abszesse	Schleimhautreizung
Haarausfall/Schuppen	Herzklopfen	Akutes Herpes
Kopfschmerzen	Kopfschuppen	Hautentzündungen
Gicht in den Gelenken	Krämpfe	lahmer Rücken/Muskeln
Hüftgelenkbeschwerden	Leberflecken	Magenprobleme

Menstruationsprobleme	Absonderungen aus der Nase	Nierenbecken-entzündung
Schmerzen im Rücken/Steißbein	Pusteln/Akne	Pickel/Hautausschlag
Bezug zum Magenmeridian	rheumatische Schmerzen	Schlaflosigkeit/ Schlafsucht
Leicht erkältet	Muskelerkrankungen	steife Finger
Müdigkeit in Ruhe	Muskel- /Sehnenzerrung	Gewebeverdickungen
Wetterfühligkeit	Geschwüre/Fisteln	

Mögliche geistige Folgen bei einem Mangel:

Kann mit Beschränkungen nicht umgehen, kann sich an (gesetzliche)Vorschriften nicht anpassen.

Negativität. Querköpfigkeit. Spannung. Grübelt über vermeintlichen Schlag nach.

Schlafprobleme durch Gedanken.

Mögliche Störungen des Wohlbefindens bei einem Mangel:

Sich zu eingeschränkt oder gehemmt fühlen – dadurch Stimmungsschwankungen und Unzufriedenheit.

Voller unbegründeter Ängste sein, sich schnell beleidigt fühlen.

Fühlt sich oft bei körperlicher Betätigung besser als in Ruhe.

Hat das Gefühl, in einem Netz von Regeln und Diplomatie gefangen zu sein.

Querköpfigkeit bei Kindern; bei Erwachsenen Negativität.

Spannungsnervosität.

Müdes Gefühl mit Krampf im Nacken, Leeregefühl im Magen.

Frösteln mit Schwäche und Mattheit, Nervosität/Spannung, dadurch Gefühl der Erschöpfung.

ZELLSALZ NR. 13/6 KALIUM ARSENICOSUM

Bei einem Mangel neigt man zu Beschwerden der Haut und des Nervensystems.

Mögliche körperliche Beschwerden bei einem Mangel:

Beschwerden mit dem Nervensystem, der Haut und der Schleimhaut.
Lähmungserscheinungen und Krämpfe.
Schwer heilbare Hauterscheinungen und chronische Hauterkrankungen mit heftigem Juckreiz.
Bleichsucht, Abmagerung, allgemeine körperliche Schwäche.
Nieren-, Herz-, Leber-, Magen-Darm-, Muskel- und Gelenkbeschwerden.

Mögliche geistige Folgen bei einem Mangel:

Tiefe Niedergeschlagenheit, Schwermütigkeit, Tagesschläfrigkeit bei nächtlicher Schlaflosigkeit.
Nervosität.
Reizbarkeit. Gedächtnisschwäche. Unruhe. Angstattacken.

Anzeichen für einen Mangel sind:

Durstgefühl.
Verschlimmerung der Schmerzen bei Tiefdruck-Wetterlagen.
Verschlimmerung bei Wetterveränderungen, an kühlen und regnerischen Tagen, abends und nachts.
Beschwerden treten periodisch auf.
Müdigkeit und Reizungen in den Gliedmaßen.

Gesichtsmerkmale:

Dunkle, blaue Augenränder. Wässrige Schwellung des unteren Augenlids, der Wangen und Lippen.

Erscheinungsformen:

Ruhelosigkeit. Nervöse, überaktive Menschen, die mit dem Leben, das sie führen, intensiv beschäftigt sind. Erleben ihre kleine Welt als groß. Befürchten, die Selbstkontrolle zu verlieren, wenn sie sich dem Kosmos hingeben. Kundschaften Schritt für Schritt ihre eigenen Möglichkeiten aus, haben jedoch Angst vor jedem Schritt. Arbeit ist für sie eine heilige Aufgabe. Im Grunde sind sie unermüdlich und werden für ihren Eifer bewundert. Sie werden allerdings aufgrund ihrer Grüblerei und der Selbstverständlichkeit, mit der sie das Gleiche von ihren Mitmenschen in ihrem Umfeld verlangen, oft ignoriert.

Um sich vor der als bedrohlich empfundenen Außenwelt zu beschützen, entwickeln sie allerlei Ängste, um sich großer Dinge zu entziehen. Die Ängste sind ganz unterschiedlich und beruhen auf der Tatsache, dass sie dies noch nie zuvor getan haben.

In Analogie zu den Grenzen, die sie setzen, zeigen sie körperlich oft jede Menge Hautleiden, die meist mit starkem Juckreiz und weißer Hautabschuppung einhergehen.

ZELLSALZ NR. 14/6
KALIUM BROMATUM

Bei einem Mangel neigt man zu Beschwerden der Haut und der Nerven.

Mögliche körperliche Beschwerden bei einem Mangel:
Erkrankungen der Schilddrüse.
Erkrankungen der Darmschleimhäute.
Nervöse Störungen im Gesicht.
Psoriasis.
Motorische und allgemeine Unruhe.
Kopfschmerzen, insbesondere rund um die Augen.

Mögliche geistige Folgen bei einem Mangel:
Nervosität. Manische Depression. Angst.
Bei Kindern: Angst, Schreckhaftigkeit, Nervosität, unruhiger Schlaf.

Anzeichen für einen Mangel sind:
Besserung durch Bewegung.
Verschlimmerung durch Wärme.

Gesichtsmerkmale:

Keine Kennzeichen bekannt.

Erscheinungsformen:

Dieser Typus passt zu jedem Lebensalter, hat jedoch etwas von einem jugendlichen Pubertierenden. Alle Unsicherheiten, die in diesem Lebensabschnitt eintreten können, befallen diese Menschen. Sie sind abwesend, träumerisch, voller Fantasie und werden intensiv durch emotionale Entwicklungen berührt. Sie denken, träumen und fantasieren von Sexualität. Sie sind unruhig, können schwer stillsitzen und müssen immer etwas in den Händen haben.
Das Leben scheint alle Möglichkeiten zu bieten, doch sie scheitern am emotionalen Wachstum.

Sie tun Dinge, hinter welchen sie nicht stehen. Außerdem Anfälle von Melancholie.

Akne ist eine häufig vorkommende Hauterscheinung im Gesicht und auf der Brust.

ZELLSALZ NR. 15/6
KALIUM JODATUM

Bei einem Mangel neigt man zu Beschwerden von erhöhtem Blutdruck, Störungen der Herz- und Gehirnfunktion, bei der Schleimhautbildung und der Verdauung.
Kommt in nahezu allen Körperzellen vor, vor allem in der Schilddrüse, in der Leber, in der Milz, in den Nieren, im Magen, in der Haut, in den Haaren und Fingernägeln.

Mögliche körperliche Beschwerden bei einem Mangel:

Vor allem hoher Blutdruck.
Verdauungsstörungen und Appetitverlust.
Neigung zu chronischer Haut- und Schleimhautentzündung.
Schilddrüsenstörungen.
Arteriosklerose und rheumatische Gelenkerkrankungen.
Erhöhter Stoffwechsel mit der Folge von Fettsucht und Abmagerung.

Mögliche geistige Folgen bei einem Mangel:

Reizbarkeit und Unruhe.

Anzeichen für einen Mangel sind:

Unverträglichkeit von Ruhe und Wärme.
Besserung der Beschwerden bei kühler Luft.
Gewichtsverlust oder Gewichtszunahme. Hitzegefühl. Körperliche Unruhe.
Schlaflosigkeit. Knacken in den Gelenken.

Gesichtsmerkmale:

Schwammartige Verdickung an der Halsbasis.

Erscheinungsformen:

Gleicht einem überarbeiteten Journalisten. Sie haben ihre Arbeit an ihre ruhelose und bewegliche Art angepasst. Sie wollen immer etwas ...

Extreme Ruhelosigkeit, verbunden mit ständigem Wärmeverlangen. Dies kann in Gereiztheit übergehen, wobei die Person schroff und bösartig werden kann – gefolgt von Melancholie und Betrübtheit.

ZELLSALZ NR. 16/6
LITHIUM MURIATICUM

Bei einem Mangel neigt man zu Beschwerden an den Gelenken und zu Schwächezuständen.

Mögliche körperliche Beschwerden bei einem Mangel:
Gichtartige und rheumatische Erkrankungen mit schmerzhaften Schwellungen und Versteifung der Gelenke.
Allgemeine Erschöpfung und Abmagerung.
Harnwegsinfektionen.
Krankheiten, die durch die Ansammlung von Harnsäuren verursacht werden.
Nervöse Kopfschmerzen, rheumatische Kopfschmerzen, Gichtkopfschmerzen.
Augenschmerzen, wenn man angestrengt schaut, mit Trockenheit der Bindehaut.
Geschwollene Lymphdrüsen, speziell in der Pubertät.

Mögliche geistige Folgen bei einem Mangel:
Melancholie mit Abmagerung.

Anzeichen für einen Mangel sind:
Magenbeschwerden, besser durch Essen.
Besserung der Beschwerden nach ausgiebigem Harnlassen.
Juckreiz schlimmer durch Bettwärme.
Besserung der Beschwerden durch Bewegung.
Verschlimmerung der Beschwerden bei Ruhe.

Gesichtsmerkmale:

Es sind keine Gesichtsmerkmale bekannt.

Erscheinungsformen:

Meist brave, wohlwollende Menschen, die ihre Zeit gern in Gesellschaft anderer Menschen verbringen.

Sie leiden unter Gefühlen der Einsamkeit und sind daher griesgrämig. Sie fühlen sich unsicher und griesgrämig, leiden unter Schwindelanfällen, einem Völlegefühl im Kopf, Flecken vor den Augen, Ohrensausen und Zittern der Gliedmaßen. Die Ursache sind meist Stoffwechselstörungen durch schlechte Verwertung der Abfallprodukte der Eiweißverbrennung.

ZELLSALZ NR. 17/6
MANGANUM SULFURICUM

Bei einem Mangel neigt man zu Beschwerden mit den Blutgefäßen und dem Blutkreislauf, der Magen-Darm-Funktion, der Milz, der Leber und der Gallenproduktion.

Mögliche körperliche Beschwerden bei einem Mangel:

Blutarmut.
Bleichsucht.
Blutungen.
Kreislaufstörungen.
Wechselnde rheumatische Beschwerden.
Backenzahnschmerzen.
Entzündung des Magen-Darm-Traktes.
Allergische Reaktionen.
Chronische Hautentzündungen.
Erhöhung des Blutzuckerspiegels.
Schwache Menstruation, zu früh oder zu spät.
Juckender Hautausschlag.
Allgemeine Nervenschwäche, Parkinson, M.S., Muskelschwäche, Zittern.
Störungen bei der Knochenbildung und der Fortpflanzung.
Reguliert die Freisetzung von Histamin aus den Mastzellen.

Mögliche geistige Folgen bei einem Mangel:

Manisch-depressiver Gemütszustand.
Ermüdeter, erschöpfter Gemütszustand mit Bedürfnis nach geistiger Ruhe.
Demenz, frühzeitige Persönlichkeitsspaltung (Schizophrenie).

Anzeichen für einen Mangel sind:

Verschlimmerung bei Wetterwechsel.
Verschlimmerung der Beschwerden bei nassem, kaltem Wetter.
Verschlimmerung der Beschwerden nachts.

Bitterer Geschmack im Mund, trockener Mund, Schleimhaut.
Dunkle, bläuliche Haut an angegriffenen Gelenken.

Gesichtsmerkmale:

Ziemlich dunkle, fahle Haut ohne Ausstrahlung.

Erscheinungsformen:

Macht einen ruhigen, trägen, leicht ermüdeten Eindruck.
Melancholiker, nicht sehr bereitwillig.

ZELLSALZ NR. 18/6
CALCIUM SULFURATUM

Bei einem Mangel neigt man zu Beschwerden wie Erschöpfung und Schwäche mit Gewichtsverlust, trotz Heißhunger und erhöhtem Appetit.

Mögliche körperliche Beschwerden bei einem Mangel:
Mangelnde Widerstandskräfte.
Gicht. Rheuma. Krampfadern. Hämorrhoiden. Organbluten.
Schlecht heilende Wunden.
Schlechte Glukoseaufnahme in Leber und Muskeln.
Ansammlung von Quecksilber und Blei.

Mögliche geistige Folgen bei einem Mangel:
Chronisch nervöse Erregung, beispielsweise durch Unterernährung und Nachtarbeit.

Anzeichen für einen Mangel:
Alle Beschwerden gehen mit einem übermäßigen Durstgefühl und Müdigkeit einher.

Gesichtsmerkmale:
Gesichtsmerkmale sind nicht bekannt.

Erscheinungsformen:
Durch fortwährende nervöse Erregung, beispielsweise bedingt durch Unterernährung oder Nachtarbeit, entsteht eine erhöhte Säurebildung, die zu einer Reizung der Gehirnnerven und einer Erschlaffung des Nervengefäßsystems führt. Dies zieht eine erhöhte Reizbarkeit der Leber, der Bauchspeicheldrüse und der Muskeln nach sich, verbunden mit einer erhöhten Ausscheidung von Calcium-Salzen über den Urin.

ZELLSALZ NR. 19/6
CUPRUM ARSENICOSUM

Bei einem Mangel neigt man zu Beschwerden am Nervensystem und an den Muskeln.

Mögliche körperliche Beschwerden bei einem Mangel:

Allgemeines Kältegefühl. Kalter, klebriger Schweiß.
Krämpfe verschiedenster Art. Zittern.
Taubheits- und Schwächegefühl in den Schultern und Armen.
Durchfall.
Schmerzhafte Knochen der Augenhöhlen (Jochbein).

Mögliche geistige Folgen bei einem Mangel:

Schlaflosigkeit durch große Erregung und Angst.
Überempfindlichkeit. Nervosität. Allgemeine Schlappheit.

Anzeichen für einen Mangel sind:

Trinken von kaltem Wasser bessert Husten und Erbrechen.
Verschlimmerung von Ischias durch Stillliegen.
Störung des Kreislauf- und Nervensystems.

Gesichtsmerkmale:

Bleiche, bläuliche Haut mit juckendem Ausschlag und kaltem, klebrigem Schweiß.

Erscheinungsformen:

Menschen, die das Gefühl haben, auf Zehenspitzen gehen zu müssen, um es allen Recht und nach deren Lust und Laune zu machen.

ZELLSALZ NR. 20/6
KALIUM ALUMINIUM SULFURICUM

Bei einem Mangel neigt man zu Beschwerden am zentralen und peripheren Nervensystem.

Mögliche körperliche Beschwerden bei einem Mangel:

Störung des elektrolytischen Potenzials der Zellmembranen.
Störung der Zellmembrandurchlässigkeit.
Störung des Gleichgewichts des Mineralien- und Wasserhaushaltes in den Zellen.
Kolikschmerzen durch Verstopfung und Blähungen.
Schwindelgefühl.
Reizungen des Nervensystems.
Blutstillend (beispielsweise nach Operationen usw.).

Mögliche geistige Folgen bei einem Mangel:

Demenz. Gestörtes Beurteilungsvermögen.
Verlangsamte Reaktion.

Anzeichen für einen Mangel sind:

Mangel an Körperwärme.
Besserung durch Wärme und im Sommer.
Verschlimmerung durch Kälte und im Winter.

Gesichtsmerkmale:

Es sind noch keine Gesichtsmerkmale bekannt.

Erscheinungsformen:

Kalte, fröstelnde, magere, schlaffe Menschen mit verminderter Spannkraft der Gewebe und verzögertem Reaktionsvermögen.
Hartnäckige Krankheiten bei schwachen, älteren Menschen.

ZELLSALZ NR. 21/6 ZINCUM MURIATICUM

Bei einem Mangel neigt man zu Beschwerden infolge von Umwelt-, Ernährungs- und/oder Strahlungs- sowie Stress-Bedingter Erschöpfung und Überlastung des Nervensystems.

Ursachen eines Mangels:

Die Unterdrückung emotionaler Aspekte, weil die rationalen Aspekte entwickelt werden müssen.

Körperliche Eigenschaften:

Dieses Salz ist ein fester Bestandteil der Zellen, vieler Enzyme und der Lymphe.
Es ist unerlässlich, um Belastungen jeglicher Art verarbeiten zu können.
Es ist für die normale Funktion vieler Stoffwechselprozesse unentbehrlich.
Es wirkt vor allem auf Gehirn und Rückenmark.
Zincum muriaticum ist vor allem wichtig, um das Nervensystem, einschließlich des Gehirns, gegen Überlastung dauerhaft zu stärken. Wirksamer Radikalenfänger.

Geistige Eigenschaften:

Dieses Salz ist wichtig, um das geistige Gleichgewicht zu bewahren.
Bei einem Mangel können allerlei psychische Probleme auftreten.
Dieses Salz ermöglicht es dem Individuum, sich inmitten aller Dinge, die von allen Seiten einströmen, zu behaupten.

Mögliche körperliche Beschwerden bei einem Mangel:

Alle Beschwerden, die ihren Ursprung in einem geschwächten/erschöpften Nervensystem haben.
Dumpfe, stechende Schmerzen in den Lenden.
Geringe Körperbehaarung.
Abmagerung trotz guten Essens.
Rückenbeschwerden, die vom Nervensystem herrühren.

Candida-Infektion	Diabetes	Ekzem
Gebissschwäche	Gluten-Unverträglichkeit	Haarausfall
Herzverkrampfung	Kopfschmerzen	Unterzucker
Jucken in der Kniekehle/im Oberschenkel	kalte Hände/Füße	Krampf
Krampfartiger Husten	lahmes Gefühl in den Gliedmaßen	Magenbeschwerden
Mager/korpulent	Menstruationsstörungen	Vereiterung der Mundwinkel
Weiße Punkte auf den Fingernägeln	brüchige Nägel	unruhige Beine
Augenbeschwerden	Ohrensausen	Schmerz im unteren Rückenbereich
Psoriasis	Schlaflosigkeit	Verspannung in den Schultern/im Nacken
Krampfadern	Unverträglichkeit von Zucker	zu schneller Stoffwechsel
Zittern der Gliedmaßen	gestörter Tag- und Nachtrhythmus	gestörter Histaminhaushalt
Verstopfung/Durchfall	Lebensmittelallergie	Schwäche in der Lumbalgegend

Mögliche geistige Folgen bei einem Mangel:

Chronische Müdigkeit.
Nächtliche Unruhe.
Gedächtnisschwäche.
Erschöpfungsgefühl.
Geräuschempfindlichkeit.
Stimmungswechsel.

Mögliche Störungen des Wohlbefindens bei einem Mangel:

Gefühl der Erschöpfung.
Konzentrationsschwierigkeiten.
Chronische Müdigkeit.
Verringerte Geisteskraft.
Schlechtes Gedächtnis.
Gefühl von Muskellähmung.

Anzeichen für einen Mangel sind:

Besserung der Beschwerden bei natürlichem Licht im Freien und durch Bewegung.

Verschlimmerung der Beschwerden nach Weingenuss oder nach dem Konsum anderer Genussmittel, beim Stillsitzen und in Ruhe.

Gesichtsmerkmale:

Es sind noch keine Gesichtsmerkmale bekannt.

ZELLSALZ NR. 22/6 CALCIUM CARBONICUM
ORIGINALREZEPTUR

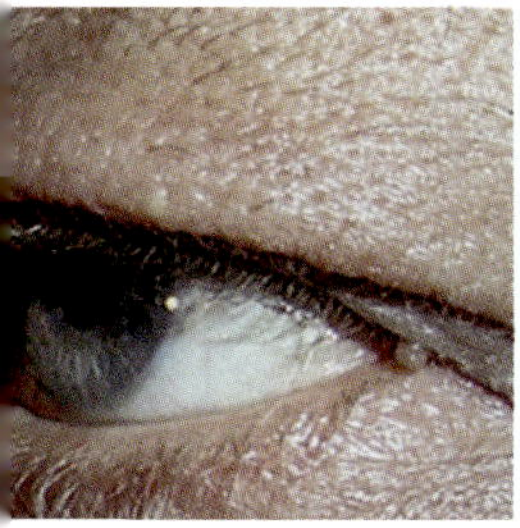
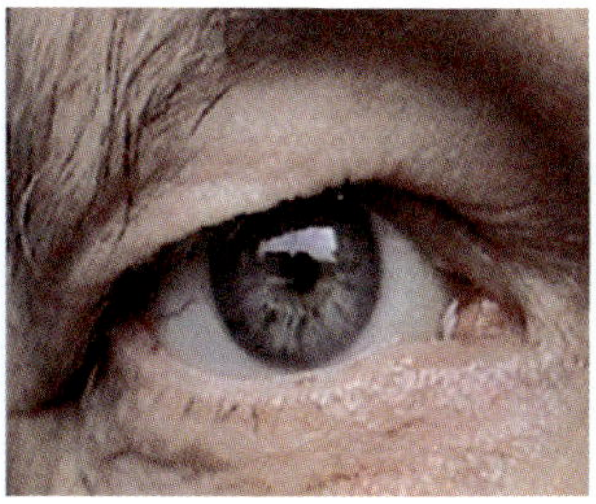
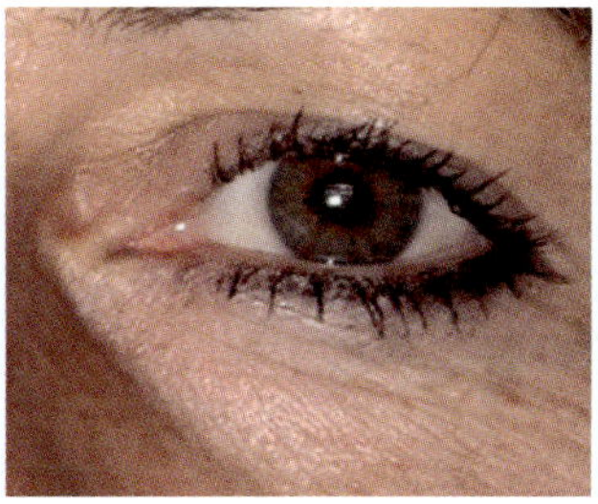

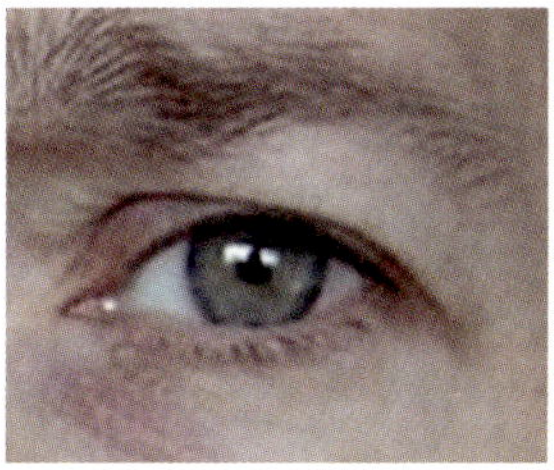

Kennzeichen für einen Mangel:

- Erschlafftes bis schlaffes Oberlid.
- Vorzeitiges Altern.
- Beschwerden von Schwäche durch Überlastung.

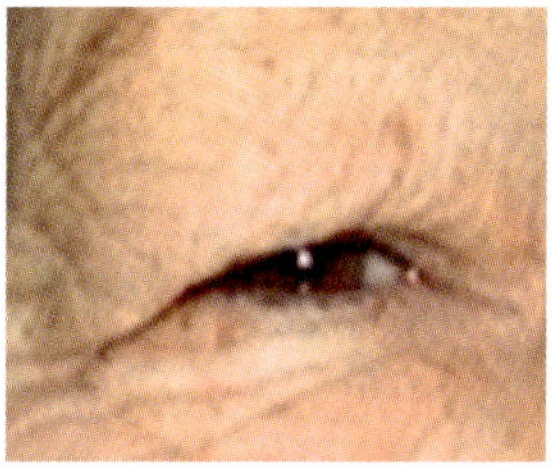
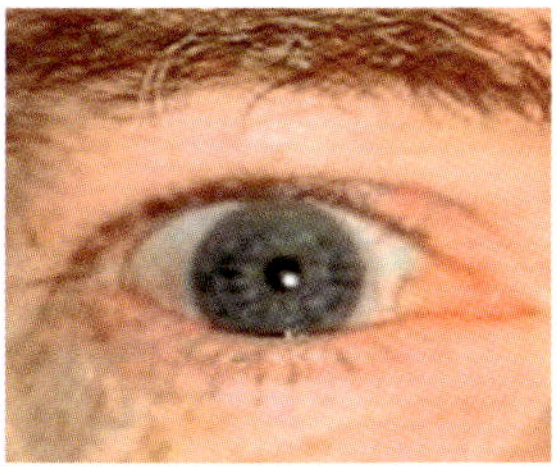
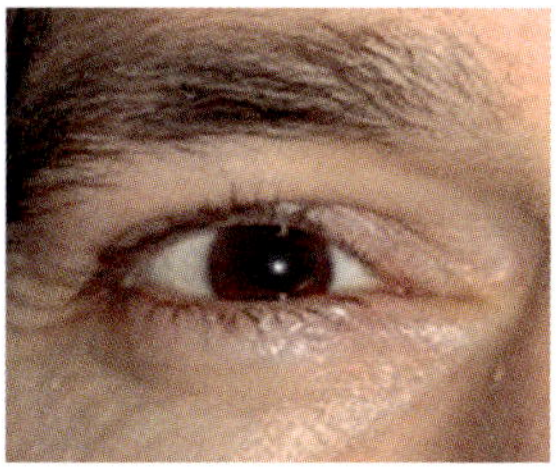
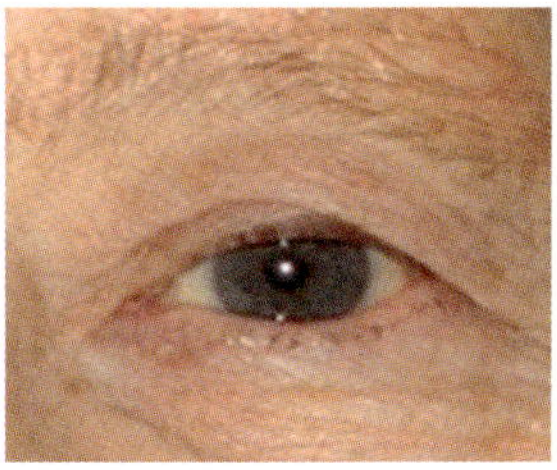
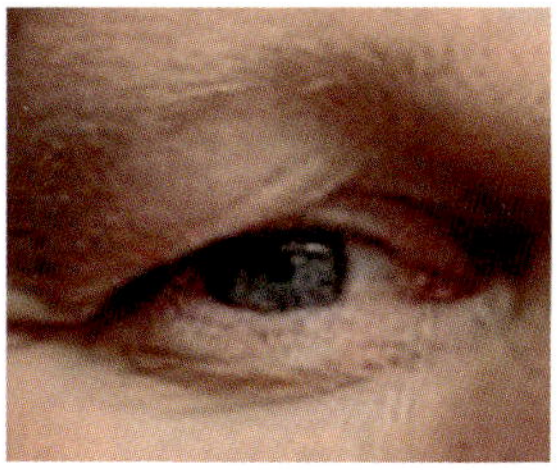

Bei einem Mangel neigt man zu Übersäuerungs- und/oder Ausscheidungsproblemen durch Überlastung.

Ursachen eines Mangels:

Die unbewusste Angst, den Normen und Werten der Gesellschaft, der Arbeit und der Sozialstruktur nicht gewachsen zu sein.

Körperliche Eigenschaften:

Beugt einer körperlichen Erschöpfung als Folge einer Überlastung vor.
Wirkt hauptsächlich auf die Schleimhäute.
Beugt vorzeitigem Altern vor.
Beugt Lymphdrüsenschwellungen vor.
Wesentliches Element des Abwehrsystems.
Ein Mangel zeigt sich vor allem durch periodisch auftretende Erkältungen und Kopfschweiß.
Beugt Schwindelanfällen vor und verhindert, dass man außer Atem gerät.

Geistige Eigenschaften:

Beugt geistiger Erschöpfung als Folge einer Überlastung vor.
Dieses Salz beugt ängstlicher Unruhe/einem unbestimmten Spannungsgefühl vor.

Mögliche körperliche Beschwerden bei einem Mangel:

Beschwerden von Schwäche als Folge einer Überlastung.
Beschwerden schlimmer bei Kälte, bei unwirtlichem Wetter oder Wetterumschwung.
Erkältung bei Wetterumschwung.
Menstruationsbeschwerden, empfindliche Brüste vor der Menstruation.
Schlaflosigkeit durch Gedanken.

(Muskel-) Übersäuerung	allgemeine Schwäche	Arthrose
Blasenreizung	Knochenentkalkung	Bandwurm
Schwindelgefühl	Energiemangel	Dauerhusten
Gesichtsausschlag	Schwerhörigkeit	Herzklopfen
Kopfschorf	Kalkmangel	Verkrustung der Nase

Kalte Füße	Reizhusten	nächtliche Waden-krämpfe
Übelriechender Ausschlag	lichtempfindliche Augen	Verschleimung der Lunge
Ausfluss/Entzündung der Ohren	Magenkrampf	Sodbrennen
Nesselfieber	Nasenkatarrh, gelbes Sekret	schnelles Ermüden der Augen
Blähbauch	Polypen	Psoriasis
Offene/raue Fußsohlen	rheumatische Schmerzen	Rückenschmerzen nach Zerrung
Schlaflosigkeit	schnell steifer Nacken	rasches Schwitzen
Grauer Star	steifer Nacken	steife Finger
Hitzkopf	Blähungen	Warzen
Saurer Geschmack	Schwäche in den Beinen	Schwäche im unteren Rückenbereich
Schwellung der Oberlippe		

Mögliche geistige Folgen bei einem Mangel:

Angstgefühle.
Ängstliche Vorahnungen.
Querköpfige Kinder.
Dickköpfigkeit.
Reizbar/Spannungsgefühl.
Schreckhaft.
Vergesslichkeit.
Schwermütigkeit.
Schweigsam.

Anzeichen für einen Mangel sind:

Verschlimmerung der Beschwerden durch Kälte und Feuchtigkeit, manchmal bei Vollmond.
Besserung durch trockenes, warmes Wetter.

Gesichtsmerkmale:

Erschlaffte Oberlider.

ZELLSALZ NR. 23/6
NATRIUM BICARBONICUM

Bei einem Mangel neigt man zu Stoffwechselbeschwerden (Ausscheidung, u. a. von Harnsäure) und Funktionsstörungen der Bauchspeicheldrüse.

Ursachen für einen Mangel:

Das Gefühl haben, sich fortwährend gegen Frustrationen wehren zu müssen.

Körperliche Eigenschaften:

Beugt Schwäche infolge feuchter Wärme im Sommer vor.
Wirkt insbesondere auf die Zellaktivität stimulierend.
Fördert die Oxydation und den Zellstoffwechsel.
Beugt Schwellung und Verhärtung der Drüsen vor.
Beugt Entzündungen vor.

Geistige Eigenschaften:

Verhindert, dass man sich von anderen isoliert.
Vermeidet, dass man sich bescheiden und rücksichtsvoll zurückzieht (aus Angst und Frustration).

Mögliche körperliche Beschwerden bei einem Mangel:

Alle Beschwerden infolge eines unvollständigen Stoffwechsels und ungenügender Ausscheidung von Stoffwechselrestprodukten, wie Fettsucht, Diabetes, Rheuma, Gicht, Kropf usw.
Überempfindlich auf Wetterwechsel, Sturm, Zugluft, extreme Kälte oder feuchte Wärme.
Hautreizungen zwischen den Fingern, Zehen, an den Fersen.
Zahnschmerzen ohne Löcher, Naschen und Obst.
Erträgt keine Wärme im Raum, Zugluft, Gewitter.
Durchfall nach Milch/raffinierter Stärke.
Dicke, gelbgrüne Absonderungen.
Schwitzt schnell in Bewegung. Kopfschmerz (bei Wärme/Gaslicht)

Trockener Husten morgens	morgens gegen 5 Uhr wach	Brennen beim Harnlassen
Ekzem an der Außenseite der Nase	beständige Erkältung der Nase	Schwindelgefühl bei Sonne
Ameisenlaufen in den Finger-/Zehenspitzen	empfindliche Fußsohlen	Haarausfall
Herzklopfen durch laute Geräusche	rissige Hände	Knacken der Wirbel
Glatte Geschwüre am Mund	Unfruchtbarkeit	Aufstoßen
Aufgetriebener Magen	Prostatabeschwerden	Reizung im Schambereich
Sommersprossen	Kropf	vergrößerte Nase
Verstopfte Nase nachts	Übersäuerung	

Mögliche geistige Folgen bei einem Mangel:

Große Überempfindlichkeit auf bestimmte Geräusche (Papier usw.).
Unruhe/Ruhelosigkeit bei Gewitter, nicht aufgrund von Angst, sondern durch atmosphärische Veränderungen.
Wappnet sich gegen Gefühle der Frustration.
Geistige Schwäche.
Ängste (Platzangst usw.)
Geistig träge.
Abneigung gegen Gesellschaft.
Überempfindlich auf atmosphärische Veränderungen.
Fühlt sich verkannt.

Anzeichen für einen Mangel:

Übermäßige Säuren- und Gallenproduktion. Fettsucht, Diabetes, Rheuma, Gicht, Kropf.

Gesichtsmerkmale:

Blaue Ringe unter den Augen und geschwollene Lider. Sommersprossen.
Verdickte Oberlippe. Gelbe Flecken.
Vergrößerte Nase durch Reizung. Ödematöse Schwellung, Pickel und Ekzem.
Kropf.

ZELLSALZ NR. 24/6 ARSENUM JODATUM

Bei einem Mangel neigt man zu Beschwerden der serösen Schleimhäute der Lymphdrüsen und der Lungen, der Haut usw.

Ursachen für einen Mangel:

Das Gefühl, in bzw. durch eine bestimmte Situation, ein bestimmtes Milieu oder Umfeld 'fremdbestimmt' oder 'eingesperrt' zu sein bzw. 'gelebt zu werden'.

Körperliche Eigenschaften:

Hemmt hartnäckige, beißende Absonderungen.
Verhindert, dass die Absonderung die Schleimhäute, aus welchen sie stammt, sowie andere Schleimhäute, die damit in Berührung kommen, reizt.

Geistige Eigenschaften:

Hilft bei Ruhelosigkeit.
Hilft bei Vergesslichkeit.

Mögliche körperliche Beschwerden bei einem Mangel:

Alle heutigen Beschwerden, die mit unserem Wohlstand und Milieu verbunden sind.
Chronische, beißende, gelbgrüne Absonderungen aus Schleimhäuten u. a. der Lunge, der Nase, der Ohren, der Haut, des Darmes usw.
Chronischer Nasenkatarrh. Aufgedunsene Nase. Reichlich dicke, gelbgrüne Absonderung aus der Nase.
Langwierige Krankheiten, die mit Abmagerung und großer Erschöpfung einhergehen.
Heftige Entzündungen mit beißender, dicker, gelber (gelbgrüner) Absonderung.
Wässrige, beißende (grüne) Absonderung aus der Nase und Rachenhöhle.
Beißende Absonderungen aus den Ohren.
Trockene, schuppige Haut, juckend nach der Abschuppung.

Asthmatische Bronchitis	Brustkrebs	chronische Lungenentzündung
Haut beißend beim Nasswerden	Schwindelgefühl, Zittern	Anschwellung
Herzbeschwerden	Kopfschmerz durch Lernen	Heuschnupfen
Jugendakne	Magenschmerzen mit Sodbrennen	Nachtschweiß
Nässendes Ekzem	Niesen	Augenentzündung
Schwellung der Tonsillen	Parkinson	Psoriasis
Erschöpfung (MS)	bohrender Schmerz in den Jochbeinen	

Mögliche geistige Folgen bei einem Mangel:

Nicht mehr gut denken können.
Das Gefühl haben festzustecken.
Wenn Entzündungen auftreten, ist es 'vorbei mit dem Spaß' (die Fröhlichkeit ist weg).
Fahrigkeit und Konzentrationsverlust, beispielsweise nach übermäßigem Lernen.

Anzeichen für einen Mangel:

Verschlimmerung der Beschwerden bei Anspannung.
Schwacher, schneller, meist unregelmäßiger Puls.

(Gesichts-)Merkmale:

Gelbe bis gelbgrüne Absonderungen und/oder gelbe bis gelbgrüne Flecken im Gesicht oder am Körper.

3. DIE MINERALISCHE ZELLSALZ-THERAPIE UND DIE ERNÄHRUNG

Der Zusammenhang zwischen Zellsalzbedarf und Ernährung

- In der Nahrung kommen einfache Mineralien vor.
- Vor allem unraffinierte pflanzliche Nahrung enthält viele Mineralien.
- Sie sind die Grundstoffe der Biochemie.

Durch biochemische Prozesse in unserem Körper werden aus einfachen Mineralien Mineralsalze (Verbindungen aus zwei oder mehr Mineralien) gebildet. Diese Mineralsalze sind unentbehrliche Bestandteile des Stoffwechsels. Durch den Stoffwechsel muss alles verarbeitet werden, was in unseren Körper gelangt oder mit ihm in Berührung kommt.
Ein Mangel an einem oder mehreren Salzen entsteht in der Regel nicht durch einen Mangel an einfachen Mineralien in der Nahrung, sondern dadurch, dass die Zellmembran nicht imstande ist, ausreichend Salze aufzunehmen.
Entsteht jedoch ein Salzmangel in der Zelle, weil die Zellmembran die Salze – aus irgendwelchen Gründen – nicht mehr durchlässt, entsteht ein natürliches Bedürfnis an eben jenen Nahrungsmitteln, in welchen die einfachen Mineralien (aus welchen durch die biochemischen Vorgänge das Salz gebildet wird) vorkommen. Ein häufiger Verzehr dieser Nahrungsmittel führt jedoch zu einer Überlastung des Organismus.

Ein Beispiel:
Das Zellsalz *Calcium phosphoricum* ist unentbehrlich für die Bildung von Knochensubstanz. Es wird im Körper aber auch zur Neutralisierung von Säuren eingesetzt. Dann kann es jedoch nicht zur Bildung von Knochensubstanz verwendet werden. Die Zellmembran bekommt den Anreiz, kein *Calcium phosphoricum* mehr aufzunehmen (Die 'Drehtüre' kommt zum Stillstand. Hält dies länger an, trocknen die Angeln ein, und die 'Drehtüre' kann sich nicht mehr von selbst geschmeidig drehen).

Im Allgemeinen wird zur Vermeidung von Knochenentkalkung empfohlen, Milch zu trinken, weil darin sowohl *Calcium* als auch *Phosphor* vorkommt. Das ist jedoch im Gegenteil nur schädlich, weil der Mangel an dem Salz *Calcium phosphoricum* in den Knochen nicht durch einen Mangel an den einfachen Mineralien zustande kommt, sondern dadurch, dass die Fähigkeit der Zellmembran ('Drehtüre'), *Calcium phosphoricum* aufzunehmen, infolge der langen Übersäuerung blockiert ist. Daher kann jemand, der sein Leben lang Milch getrunken hat, dennoch unter Knochenentkalkung leiden. Dies kann beispielsweise sogar zu Rheuma führen, weil die Unfähigkeit der Zellmembran, das Salz aufzunehmen, eine starke Übersäuerung zur Folge haben kann (Teufelskreis).

Je stärker die Übersäuerung im Körper ist, desto mehr Salze sind nötig, um diese Übersäuerung zu neutralisieren, und desto mehr Zellmembranen erhalten den Anreiz, kein Salz mehr aufzunehmen. In der Praxis ergab sich, dass der auftretende Mangel an Zellsalzen bei jedem Menschen unterschiedlich ausgeprägt ist.

Nahrungsmittel, die das biochemische System belasten

Folgende Nahrungsmittel wirken belastend auf das biochemische System:

1. Nahrungsmittel, die industriell verarbeitet oder raffiniert wurden.
2. Gemüse und Obst, die im Treibhaus, auf Steinwolle oder anderen künstlichen Nährböden angebaut werden, erhalten lediglich die Nährstoffe, die für ein schnelles Wachstum nötig sind. Sie enthalten in der Regel keine essenziellen Mineralien, weil die Wurzeln nicht in der Erde stehen.
3. Produkte, welchen chemisch erzeugte Stoffe hinzugefügt wurden (unter anderem Konservierungsmittel etc.), die körperfremd und dadurch nur schwer abbaubar sind.

Eine Belastung durch Nahrungsmittel hat vor allem Störungen des pH-Wertes, eine Übersäuerung des Blutes und des Gewebes zur Folge.

Folgende Nahrungsmittel tragen am stärksten zur Übersäuerung bei:

- Hühnerei und Hühnereiprodukte
- Zucker und raffinierte und/oder modifizierte Stärke
- Kuhmilch und Kuhmilchprodukte
- Konservierungssalze und Natriumverbindungen
- Orangen
- Salicylsäuren und Benzoe-Verbindungen
- Schweinefleisch

Die Anfälligkeit für eine Nahrungsmittelbelastung ist von Mensch zu Mensch unterschiedlich.

Im Allgemeinen kann Folgendes festgestellt werden:

- *Die Biochemie des menschlichen Organismus ist sehr komplex. Die verschiedenen Zellsalze sind nicht an einem einzigen Prozess, sondern an zahllosen Prozessen beteiligt. Die Reaktion des Körpers, die es erfordert, um die nicht benötigten Stoffe wieder auszuscheiden, geht auf Kosten anderer Prozesse. Die Reaktion des Organismus auf Überlastungen geht stets mit Nebenwirkungen einher. Diese Nebenwirkungen müssen durchaus nicht immer in direkt erkennbarem Zusammenhang mit der Überlastung stehen.*

BESCHWERDEN DURCH BELASTETE NAHRUNGSMITTEL

Allgemein

Allergikerblick (Wülste unter den Augen)	Lange Augenwimpern
Pickel um Kinn und Mund	Spuren im Gesicht

Augen und Ohren

Bindehautentzündung	Juckreiz der Augen
Ohrenentzündung	Pfeifen/Ohrgeräusche
Gerötete Augen	grauer Star
Tränende Augen	

Atemorgane

Bronchitis	chronischer Husten
Chronische Erkältung	Krupphusten
Nasenpolypen	Niesen
Nebenhöhlenentzündung	Flüssigkeitsansammlung im Mittelohr

Blut- und Gefäßsystem

Abbau weißer Blutkörperchen	Blutarmut
Rötungen	Blutungen unter der Haut
Hitzewallungen	plötzlich eintretende Bewusstlosigkeit

Harnwege und Geschlechtsorgane

Bettnässen	Eiweiß/Blut im Urin
Nierenkolik	Ödeme an den Geschlechtsorganen
Schmerzen in der Schamgegend	schmerzhaftes Harnlassen
Periodisch wiederkehrende Blasenentzündung	Kontraktion der Gebärmutter

Haut

Ekzem	Hautentzündungen
Abschuppung der Haut	Juckreiz
Nesselfieber	punktuelle Blutungen
Ausschlag um den Mund	Flüssigkeitsansammlung (Ödem)
Sonnenempfindlichkeit	

Magen-Darm-Kanal

Aphten	Juckreiz am Anus
Bauchschmerzen/-krämpfe	Zöliakie
Kolitis	Gasbildung im Darm
Darmentzündung	Durchfall
Gallenblasenentzündung	Blutunterzucker
Kolik	vergrößerte Leber
Magenentzündung	vergrößerte Milz
Übelkeit	Blähbauch
Erbrechen	schlechter Atem
Schlechte Verdauung	Verschleimung der Speiseröhre
Verstopfung	Feuchte Zunge
Morbus Crohn	

Nervensystem

Aggression	Anspannung
Kopfschmerz	Hyperaktivität
Lustlosigkeit	Migräne
Persönlichkeitsveränderung	Reizbarkeit
Frösteln	Schlaflosigkeit
Schlappheit	Anspannungs-/Müdigkeitssyndrom
Spiegelschrift	Konvulsionen
Müdigkeit	

Muskeln und Gelenke

Bandscheibenbeschwerden	chronischer Schmerz im unteren Rückenbereich
Gelenkentzündung	Gicht
Krämpfe	Gelenkschwellung
Rheuma	Schleimbeutelentzündung
Muskelschmerz im Nacken, in den Armen und Beinen	

Diverses

Diabetes	(schnell Neigung zu) Fieber
Drüsenvergrößerung	Mineral- und Vitaminmangel
Unterernährung	Übergewicht
Wachstumsstörungen	Schwankungen des Blutzuckerspiegels

INDEX DER BESCHWERDEN UND IHRE EVENTUELLEN AUSLÖSER IN DER NAHRUNG

Krankheit Symptom	STOFFE	PRODUKTE
Akne	Lanolin	Erdbeeren, Kakaobutter, Schokolade, Cola, Limonade, Bier, (Brannt-) Wein, Alkohol, Schweinefleisch.
Angst, Depressionen, Schlaflosigkeit, Gefühl der Zerschlagenheit	Koffein, schmerzstillende Medikamente	Kaffee, Tee, Cola, Schokolade.
Anorexia	Hefe, Zucker, Gluten	Nicht bekannt.
Apathie	Aminosäuren, Glutamat	Milchprodukte, Weizen, Sauerkraut.
Aphten	Gluten, Konservierungsmittel, Azofarbstoffe, Tabak	Nüsse, Mandeln, Schweinefleisch, Kartoffeln, Kaffee, Cola, Kakaoprodukte, Schokolade, Weizenprodukte, Weißbrot, Milch, Käse, Hühnerei, Feigen, Bananen, Tomaten, Kohl, Kohlrabi, Pastinaken, Kräuter, Zitrusfrüchte, Hummer, Tee, Kaffee.
Arthritis (rheumatische Gelenkentzündung)	Nachtschattengewächse, Zucker	Tomaten, Kartoffeln, Auberginen, rote Paprika, Tabak, Getreide, Samen, Nüsse, Rindfleisch, Lammfleisch, Schweinefleisch, Hühnerfleisch, Leber, Fisch, Milch, Käse, Joghurt, Buttermilch, Butter, Essig, Hühnerei, Zwiebeln, Schokolade, alkoholische Getränke.
Arthrose (schmerzhafte Schwellung der Gelenke)	Zitronensäure, Erdgas, Pollen	Zitrusfrüchte, saures Obst, Weizen, Hühnerei, Milchprodukte, Kaffee, Schokolade, Mais, Tomaten, Karotten, Rüben, Rübenzucker, Rindfleisch.

Bauch (Blähbauch)	Gluten, Glukose, Laktose, Stärke (Kohlehydrate)	Sauerkraut, Weizen-, Gerste-, Roggen- und Haferprodukte, Milchprodukte, Rindfleisch, Schweinefleisch, Bananen.
Blutdruck (erhöht)	Adrenalin, Dopamin, Noradrenalin, Serotonin, Tryptamin, Tyramin	Trauben, Ananas, Bananen, Avocados, Orangen, rote Pflaumen, Walnüsse, Tomaten, Käse, Fleischwaren, Fisch, Kohl, Bohnen, Wurzelgemüse, Spinat, Schokolade.
Chronische Müdigkeit	Zucker, Koffein, Gluten	Milch, Erdnüsse, Hühnerei, Rindfleisch, Weizen-, Gerste-, Hafer- und Roggenprodukte, Schokolade, Hummer, Kaffee.
Darmkrämpfe	Benzoesäuren (E 210-219), Nitrit (E 249-250), Erythrosin (E 127), Cochenille (E 120)	Milch, Kartoffeln, Weizen, Tomaten, Hühnerei, Sellerie, Thunfisch, Bananen, Wein, Nüsse, Hefe, Kaffee.
Depressive Stimmung	Gluten, Pestizide, Gase	Äpfel, Himbeeren, Soja, Cola, Schokolade, Mais, Kabeljau, Milchprodukte, Hühnerfleisch, Getreide, Hühnerei, Avocados, Blumenkohl.
Durchfall	Histamin, Fruktose, Gluten, Glutamat, Kohlehydrate (Stärke), tierisches Eiweiß	Milchprodukte, Käse, Hühnerei, Sauerkraut, Essiggurken, Bananen, Orangen, Tomaten aus der Dose, Wurst, Sardinen, Hering, Makrele, Thunfisch, Erdnüsse, Soja, Milch, Zucker (Fruktose), Honig, Hühnerfleisch, Gerste, Hafer, Reis, Weizen, Garnelen, Krabben, Muscheln, Bier, Branntwein, Cola, Hefe, Kakaoprodukte.
Ekzem	Histamin, Nickel, Salicylsäuren, Gluten	Linsen, Erdnüsse, Soja, Erbsen, Erdbeeren, Johannisbeeren, Zitrusfrüchte, Oliven, Hagebutten, Rüben, Spinat, Zwiebeln, Tomaten, Zimt, Gewürznelken, Lorbeer, Muskatnuss, Cayennepfeffer, Pfeffer, Rosmarin, Safran, Thymian, Mandeln, Walnüsse, Pute, Hühner-, Lamm-, Rind- und Schweinefleisch, Gerste, Hafer, Reis, Weizen, Mais, Garnelen, Krabben, Hummer, Hering, Fisch, Kartoffeln, Bratfett, Kasein, Margarine, Milchprodukte, Hühnerei, Leitungswasser, Kakaoprodukte, Schokolade, Formaldehyd, Chinin.

Ekzem (konstitutionell)	Nicht bekannt	Erdnüsse, Soja, Erbsen, Schweinefleisch, Rindfleisch, Fisch, Milch, Zitrusfrüchte, Tomaten, Pfeffer, Nüsse, Mais, Weizen, Garnelen, Hühnerei, Kakaoprodukte.
Ekzem (Kontaktekzem)	Benzoesäuren, Hefe, Penizillin, Nickel	Ananas, Aprikosen, Bananen, Johannisbeeren, Zitrusfrüchte, Kirschen, Mangos, Feigen, Bohnen, Erbsen, Endiviensalat, Artischocken, Spargel, Gurken, Knoblauch, Cayennepfeffer, Zwiebeln, Schnittlauch, Lauch, Karotten, Pastinaken, Petersilie, Sellerie, Salat, Tomaten, Ingwer, Senf, Muskatblüte, Piment, Milch, Weizen, Mais, Hühnerei, Fisch, Rindfleisch, Hühnerfleisch, Buttermilch, Quark, Joghurt, Käse, alkoholische Getränke.
Erythem (Hautrötung)	Histamin, Tartrazin, Nickel, Salicylsäuren	Johannisbeeren, Erdbeeren, Aprikosen, Ananas, Datteln, Trauben, Himbeeren, Pflaumen, Hagebutten, Chicoree, Gewürzgurken, Gurken, Mandeln, Joghurt, alkoholische Getränke, Käse, Sauerkraut, Tomaten aus der Dose, Wurst, Sardinen, Hering, Makrele, Thunfisch, Kümmel, Senf, Schweinefleisch, Getreide (Weizen), Garnelen, Krabben, Erdnüsse, Eigelb.
Gliedmaßen, schmerzhafte	Nicht bekannt	Getreide, Käse, Milchprodukte.
Herzschlag, unregelmäßiger	Histamin, Tyramin, Gluten, Gas, Zigarettenrauch, Chlor, Formaldehyd, Pestizide	Käse, Hühnerei, Milch, Kaffee, Cola, Tee, Sauerkraut, Essiggurken, Tomaten aus der Dose, Wurst, Sardinen, Hering, Makrele, Thunfisch, Fleischwaren, Fisch, Kohl, Bohnen, Wurzelgemüse, Spinat.
Herzschlag, beschleunigter	Tyramin, Glutamat	Milch, Hühnerei, Wein, (alter) Käse, Fisch, (Wurzel-) Gemüse, Fleischwaren.
Herzschlag, verlangsamter	Noradrenalin	Bananen, Trauben, Ananas, Orangen, rote Pflaumen.
Halsbeschwerden (Halsschmerz, Husten, Heiserkeit)	Gluten, Vanille	Kümmel, Koriander, Curry, Senf, Schweinefleisch, Rindfleisch, Hühnerei, Getreide, Kartoffeln, Melonen, Tomaten.

Hyperaktivität	Dopamin, Noradrenalin, Histamin, Salicylsäuren, BHA, BHT, Zucker	Bananen, Avocados, Trauben, Ananas, Orangen, rote Pflaumen, Käse, Sauerkraut, Essiggurken, Tomaten aus der Dose, Soja, Weizen, Rindfleisch, Schokolade, Zitrusfrüchte, Mais, Kaffee, Cola, Tee, Hühnerei, Milchprodukte, Alkohol, Wurst, Sardinen, Hering, Makrele, Thunfisch, Erdnuss (-käse), Apfelsaft.
Hypoglykämie (Unterzucker)	Adrenalin, Glukose, Fruktose, Leuzin	Trauben, Ananas, ein- und zweifache Zucker.
Juckreiz	Histamin, Salicylsäuren, Nickel	Kartoffeln, Käse, Sauerkraut, Mais, Weizen, Essiggurken, Tomaten in der Dose, Bratfett, Wurst, Schweinefleisch, Sardinen, Hering, Makrele, Thunfisch, Garnelen, Erdnüsse, Nüsse, Bananen, Kiwis, Karotten, Kümmel, Koriander, Senf.
Kolitis (Dickdarm-entzündung)	Trinkwasser, Antibiotika	Milchprodukte, Mais, Weizen, Gerste, Roggen, Hafer, Hühnerei, Schokolade, Cola, (Rind-) Fleisch, Nüsse.
Kopfschmerzen	Histamin, Noradrenalin, Gluten, Glutamat, Nitrit, Tyramin	Käse, Sauerkraut, Essiggurken, Tomaten aus der Dose, Wurst, Sardinen, Hering, Makrele, Thunfisch, Bananen, Trauben, Ananas, Avocados, Himbeeren, Orangen, rote Pflaumen, Soja, Weizen, Wein, Kaffee, Tee, Hefe, Schokolade.
Magen- und Darmbeschwerden	Salicylsäuren, Alkohol	Erdnüsse, Soja, Buchweizen, Mandeln, Paranüsse, Sellerie, Süßkartoffeln, Erbsen, Schweinefleisch, Fisch, Honig, alkoholische Getränke, Leitungswasser, Tee.

Migräne	Phenyläthylamin, Histamin, Tyramin, Tartrazin, Natriumnitrit, Glutamat, Salicylsäuren, Schimmelpilze, Tabak, Antibabypille, Gase, Abgase, Farbdämpfe	Milchprodukte, Butter, Käse, Hühnerei, Kakaoprodukte, Schokolade, Zitrusfrüchte, Tee, Kaffee, Cola, Rindfleisch, Schweinefleisch, Lammfleisch, Hühnerfleisch, Mais, Weizen, Roggen, Hefe, Wurst, Fisch, Mandeln, Mandelöl, Sauerkraut, Gurken, Gewürzgurken (in Essig), Zucchini, Tomaten, Rüben, Blumenkohl, Kohlrabi, Salat, Schnittbohnen, Lauch, Karotten, Sardinen, Hering, Makrele, Thunfisch, Fleischwaren, Kohl, Bohnen, Linsen, Erbsen, Erdnüsse, Soja, Zwiebeln, Wurzelgemüse, Spinat, alkoholische Getränke (Sherry, Wein), Frittierfett, Champignons, Zimt.
Mittelohr-entzündung	Schimmelpilze	Kuhmilch, Hausstaubmilbe.
Morbus Menière (Drehschwindel)	Histamin, Salicylsäuren, Benzoesäuren, Jod, Gallsäuren, Hundehaar, Hausstaubmilbe, schmerzstillende Medikamente	Johannisbeeren, Erdbeeren, Aprikosen, Ananas, Datteln, Trauben, Himbeeren, Birnen, Pflaumen, Hagebutten, Chicoree, Gewürzgurken, Gurken, Kräuter, Mandeln, Joghurt, alkoholische Getränke, Käse, Sauerkraut, Essiggurken, Tomaten aus der Dose, Spinat, Rindfleisch, Weizen, Milch, Hühnerei, (Wein-) Essig, Wurst, Sardinen, Hering, Makrele, Thunfisch.
Multiple Sklerose	(möglicherweise: Quecksilber, Amalgam, Zucker)	Zahnfüllungen. *Wachstum und Erhalt des Nervengewebes werden durch Quecksilber empfindlich gestört.*
Muskelkrämpfe	Glutamat	Kaffee, Cola, Leitungswasser, Rotwein, Tomaten.
Muskelschmerzen/ Rückenschmerzen	Tyramin, Hausstaubmilbe, Pollen	Milch, (alter) Käse, Mais, Weizen, Obst, Fleischwaren, Fisch, Kohl, Bohnen, Wurzelgemüse, Spinat, Aromen, Kräuter.
Nackenschmerzen	Tyramin	Käse, Fleischwaren, Fisch, Kohl, Bohnen, Wurzelgemüse, Spinat.

Nahrungsmittel-arthrose, Gelenkentzündung	Konservierungs-mittel, Farb- und Geschmacksstoffe (E-Nummern)	Rindfleisch, Lammfleisch, Schweinefleisch, sämtliche Kuhmilchprodukte, Eigelb, Obst, Tomaten, Essig, Pfeffer sowie alle anderen scharfen Kräuter, Schokolade, geröstete Nüsse, alkoholische Getränke, Limonade, alle Fertiggerichte und dergleichen.
Nase, verstopfte	Nicht bekannt	Milchprodukte, Malz, Hefe, Schokolade.
Nase, laufende – Rhinitis	Hefe, Salicylsäuren, Benzoesäuren	Kartoffeln, alkoholische Getränke, Aprikosen, Bananen, Johannisbeeren, Erdbeeren, Zitrusfrüchte, Kirschen, Bohnen, Erbsen, Erdnüsse, Soja, Knoblauch, Zwiebeln, Tomaten, Milch, Buttermilch, Quark, Joghurt, Käse, Hühnerei, Kaffee, Cola, Kakaoprodukte, Schokolade, Garnelen, Haselnüsse, Kokos, Pekannüsse, Hühner-, Rind-, Schweinefleisch, Weizen, Zimt, Muskatnuss, Lorbeer, Cayennepfeffer, Gewürznelke, Vanille, Meerrettichwurzel, Ingwer, Curry, Basilikum, Koriander, Sellerie, Buchweizen, Reis, Äpfel, Kabeljau, Schimmelpilze. **Erwachsene:** Orangen, Bananen, Eier, Sellerie, Nüsse, Erdbeeren.
Nasenpolypen	Hefe, Salicylsäuren, Benzoesäuren, Schimmelpilze, Pollen, Hausstaubmilben	Kartoffeln, alkoholische Getränke, Aprikosen, Bananen, Johannisbeeren, Erdbeeren, Zitrusfrüchte, Kirschen, Bohnen, Erbsen, Erdnüsse, Soja, Knoblauch, Zwiebeln, Tomaten, Milch, Buttermilch, Quark, Joghurt, Käse, Hühnerei, Kaffee, Cola, Kakaoprodukte, Schokolade, Garnelen, Haselnüsse, Kokos, Pekannüsse, Hühnerfleisch, Rindfleisch, Schweinefleisch, Weizen, Zimt, Muskatnuss, Lorbeer, Cayennepfeffer, Gewürznelke, Vanille, Meerrettichwurzel, Ingwer, Curry, Basilikum, Koriander, Sellerie, Buchweizen, Reis.
Nervenleiden, Nervenentzündung	Injektionsserum, Bakterien	Milchprodukte, Hühnerei, Weizen.

Nervensystem, Störung des *Konzentrations-schwierigkeiten, verminderte geistige Fähigkeiten und Gedächtnis, Müdigkeit, Depressionen, Kopfschmerzen, Schlaflosigkeit, Appetitmangel, Gewichtsverlust, übermäßiges Schwitzen und Angst.*	Quecksilber, Amalgam	Zahnfüllungen
Nervosität	Koffein	Milchprodukte, Hummer, Kaffee, Cola, Tee, Leitungswasser.
Nesselfieber	Benzoesäuren, Phenyläthylamin, Histamin, Annatto, Kasein, Hefe, Formaldehyd, Chinin, Penizillin, Nitrit, Glutamat, Salicylsäuren, Tartrazin	Erdbeeren, Äpfel, Aprikosen, Bananen, Johannisbeeren, Zitrusfrüchte, Trauben, Kirschen, Kiwis, Mangos, Birnen, Pfirsiche, Pflaumen, Brechbohnen, Limabohnen, Erdnüsse, Erbsen, Spargel, Salat, Spinat, Tomaten, Lauch, Knoblauch, Soja, Zwiebeln, Milch, Buttermilch, Quark, Joghurt, Käse, Hühnerei, Kakaoprodukte, Schokolade, Käse, Wurst, Fisch, Mandeln, Mandelöl, Cashewnüsse, Haselnüsse, Kokos, Pekannüsse, Pistazienkerne, Sauerkraut, Kartoffeln, Essiggurken, Fisch, Schalentiere, Butter, alkoholische Getränke (Bier, Branntwein), Basilikum, Zimt, Lorbeer, Gewürznelke, Pfeffer, Piment, Cola, Champignons, Honig, Hühner-, Puten, Lamm-, Pferde-, Rindfleisch, Buchweizen, Mohnsaat, Mais, Sesamsaat, Sonnenblumenkerne.
Ödeme	Histamin, Gluten, Glutamat, Salicylsäuren, Formaldehyd, Penizillin	Käse, Sauerkraut, Essiggurken, Tomaten aus der Dose, Wurst, Sardinen, Hering, Makrele, Thunfisch, Erdnüsse, Soja, Nüsse, Schweinefleisch, Pferdefleisch, Weizen, Gerste, Fisch, Hühnerei.

Ohrenentzündung	Neomycin/ Framycetin, Gentamicin, Ciolquinon, Pollen, Hausstaubmilbe, Antibiotika	Milchprodukte, Hühnerei.
Ohrensausen	Salicylsäuren	Johannisbeeren, Erdbeeren, Aprikosen, Ananas, Datteln, Trauben, Himbeeren, Pflaumen, Hagebutten, Chicoree, Gewürzgurken, Gurken, Kräuter, Mandeln, Joghurt, alkoholische Getränke.
Schläfrigkeit	Gluten	Erdnüsse, Weizen, Roggen, Hafer, Gersteprodukte, Hühnerei.
Schlafstörungen	Koffein, Serotonin, Noradrenalin, BHA, BHT, tierisches Eiweiß, Zigaretten	Kaffee, Cola, Tee, Alkohol.
Schwindelgefühl	Histamin, Tyramin, Penizillin	Käse, Sauerkraut, Essiggurken, Tomaten aus der Dose, Wurst, Sardinen, Hering, Makrele, Thunfisch, Fleischwaren, Fisch, Kohl, Bohnen, Karotten, Gemüse, Spinat, Erdnüsse, Malz, alkoholische Getränke.
Spannungs-/ Müdigkeitssyndrom	Tyramin	Kuhmilch, Schokolade, Mais, Cola, Weizen, Eier.
Taubheit	Salicylsäuren, Tabakrauch, Pollen	Rindfleisch.
Taumeln	Hefe, alkoholische Dämpfe, Petroleumdampf	Schokolade, Milch, Weizen, Mais, Hefe, Champignons, Käse, Wein.
Übergewicht	Zucker	Weizen, Milch, Hühnerei, Mais, Schweinefleisch. *Ein Mangel an Serotonin regt den Appetit an, ausgerechnet bei Diätkuren.*
Verhaltens-störungen	Gluten, Konservierungsmittel und Farbstoffe (E-Nummern)	Hühnerei, Schweinefleisch, Zwiebeln, Milch, Kaffee, Schokolade, Orangen, Mais, Bohnen, Nüsse, Joghurt, Käse, Geflügel.
Verstopfung	Nicht bekannt	Milch, Schokolade, raffinierte Stärke.
Zunge, schmerzhaft, glatt	Gluten	Weizen, Roggen, Gerste, Haferprodukte, Käse, Bananen.

Nachwort

Wir haben uns darum bemüht, Ihnen in diesem Buch deutlich zu machen, dass bestimmte Gesichtsmerkmale auf einen Mangel an bestimmten Salzen hindeuten, die für das intakte Funktionieren des Zellstoffwechsels unverzichtbar sind. Der Mensch kann nur gesund bleiben/werden, wenn er über die nötigen Mineralsalze in der erforderlichen Menge und im richtigen Verhältnis an der richtigen Stelle verfügt. Die Gesichtsmerkmale sind bereits erkennbar, lange bevor eventuell chronische Beschwerden auftreten.

Wenn Sie trotz der Fotos in diesem Buch unsicher sind, an welchen Zellsalzen es Ihnen mangelt, können Sie jederzeit per e-mail ein scharfes Digitalfoto Ihres Gesichts an das „Niederländische Zentrum für die Zellsalztherapie nach Dr. Schüssler" schicken (siehe unten). Wenn Sie Ihr Geburtsdatum darauf vermerken, erhalten Sie neben der Angabe, welche Kennzeichen für einen Mangel auf Ihrem Foto sichtbar sind, auch einen passenden Ernährungsratschlag.

Es möge deutlich geworden sein, dass nur Zellsalze mit der Aufschrift „nach Originalrezeptur" auf dem Etikett die Wirkung haben, die durch Dr. Schüssler beabsichtigt ist, nämlich die Gabe essenzieller Mineralsalze, die direkt über das Blut aufgenommen werden können, so dass der Zellstoffwechsel optimal funktionieren kann und eventuelle Gesundheitsbeschwerden verschwinden.

Wir hoffen, mit diesem Buch einen Beitrag zum Erhalt bzw. gegebenenfalls auch zur Wiederherstellung Ihrer Gesundheit, Energie und Vitalität zu liefern.

Weitere Informationen, Fragen und Anwendungstipps auf der Basis der Gesichtsdiagnose erhalten Sie jederzeit, wenn Sie unter folgender Adresse Kontakt mit uns aufnehmen:

Niederländisches Zentrum für die Zellsalztherapie nach Dr. Schüssler
Krabbedijk 4
8731 CE Wommels
Tel.: 0517-469316
Fax: 0517-469111
Internet: www.celzouttherapie.nl
E-mail: info@vita-reform.nl

Literaturempfehlungen

Baginsky, D., „Biochemische Salben“, WzG Verlag, Dormagen.

Boericke, W. und W. Dewey, „Theorie en Materia medica“(„Theorie und Materia medica“), BBN, Amsterdam.

Boericke, W. und W. Dewey, „The Twelve Tissue Remedies“ (“Die 12 Gewebemittel”), S & S Publishers, New Delhi 1977.

Broy, J., „Die Biochemie nach Dr. Schüssler“, Klaus Foitzick Verlag, München 1993.

Broy, J., „Die Konstitution“, Klaus Foitzick Verlag, München 1992.

Broy, J., „Ergänzungsmittel“, Klaus Foitzick Verlag, München 2000.

Carey, G. und I. Perry, „The Zodiac and the Salts of Salvation“(“Der Tierkreis und die Salze der Erlösung”), Baker Johnson Inc., York Beach 1989.

Carey, W., “Biochemic System of Medicine” (“Biochemisches Medizinsystem”), Indian Books, New Delhi 1962.

Chapman, J.B., “Biochemistry” (“Biochemie”), B. Jain Publishers, New Delhi 1993.

Emmrich, P. “Facial Diagnostics” („Antlitzdiagnose“), WzG Verlag, Dormagen 2004.

Feichtinger, T.S. Niedan und Mandl, „Handbuch der Biochemie nach Dr. Schüssler“, (Grundlagen, Materia medica, Repertorium), Haug Verlag, Heidelberg 1999.

Feichtinger, T. und S. Niedan, „Antlitzanalyse in der Biochemie nach Dr. Schüssler – der Bildatlas“, Haug Verlag, Stuttgart 2002.

Feichtinger, T. und S. Niedan, „Gesund abnehmen mit Schüssler-Salzen“, Haug Verlag, Stuttgart 2002.

Harnisch, G., „De mineraaltherapie van Dr. Schüssler“ („Die Mineralientherapie nach Dr. Schüssler“), De Ster, Tilburg 1998.

Heepen, G.H., “Schüssler-Salze typgerecht”, GU Verlag, München 2000.

Hemm, W. und S. Mair, „Praktische Biochemie nach Dr. Schüssler“, Foitzick Verlag, München 2003.

Hickethier, K., „Lehrbuch der Biochemie“, Friedrich Depke Verlag, Kemmenau 1998.

Hickethier, K., „Taschenbuch der Biochemie“, Charlotte Depke Verlag, Kemmenau 1994.

Kamsteeg, J. und M. Baas, „Eetwaar = Eetbaar?“ („Esswaren – essbar?“), Becht, Haarlem 1991.

Kellenberger, R. und F. Kopsche, „Mineralstoffe nach Dr. Schüssler“, AT Verlag, Aarau 1998.

Kirchmann, K., „Biochemie-Lexikon“, Kirchmann-Verlag, Hamburg 1995.

Lindemann, G. „Schüssler, sein Leben und Werk“, Isensee Verlag, Oldenburg 1992.

Mitra, B.N. „Tissue Remedies“ (“Gewebemittel”), Roy Publishing House, Calcutta, 1973.

Oltmanns, H. “Die biochemische Heilweise in der Kinderheilkunde“, WzG Verlag, Dormagen 1998.

Räke, M. „Spuren im Gesicht“, Richard Pflaum Verlag, München 2004.

Scholten, J. „Homeopathie en mineralen“ („Homöopathie und Mineralien“), Stichting (Stiftung) Alonnissos, Utrecht 1994.

Schüssler, W., „Eine abgekürzte Therapie“, Ausgabe WzG, Dormagen 1898.

Shannon, S.F., „A Complete Repertory of the Tissue Remedies of Schüssler" ("Ein vollständiges Repertorium der Gewebemittel nach Schüssler"), B. Jain Publishers, New Delhi 1991.

Snoek, D. und I., van der, „Werkmap dr. Schüsslers celzouttherapie" („Arbeitsmappe zu Dr. Schüsslers Zellsalztherapie"), NCvSCT, Wommels 2005.

Uyldert, M., „Lexicon der geneeskruiden" („Lexikon der Heilkräuter"), De Driehoek, Amsterdam 1992.

Wolffskeel, Gräfin A., „Die 12 Salze des Lebens", R. Mankau Verlag, Murnau am Staffelsee 2005.

DIE AUTOREN

Dick A. van der Snoek (1949) und seine Frau Ineke (E.) van der Snoek-van den Brink (1951) gründeten 1999 das „Niederländische Zentrum für die Zellsalztherapie nach Dr. Schüssler", um der Zellsalztherapie in Holland einen größeren Bekanntheitsgrad zu verleihen und diese einem breiten Publikum zugänglich zu machen.
Außerdem ist von Dick van der Snoek das Bändchen „Dr. Schüsslers Zellsalztherapie" erschienen.